Elisabeth von Thurn und Taxis

fromm!

2. Auflage November 2009
© fe-medienverlags GmbH
Hauptstr. 22, D-88353 Kißlegg
Titelfoto: © Clemens Mayer
Umschlaggestaltung: Manuel Kimmerle
Druck: Pustet, Regensburg
ISBN 978-3-939684-61-9
Printed in Germany

Elisabeth von Thurn und Taxis

fromm!

Eine Einladung,
das Katholische
wieder mit allen
Sinnen zu erleben

Inhalt

Zur Einführung
Von Domkapellmeister em. Georg Ratzinger

Volksfrömmigkeit und Jugend – passt das überhaupt zusammen? Können junge Menschen überhaupt noch etwas anfangen mit Fronleichnamsprozessionen, Marienwallfahrten oder Reliquienverehrung? Ja, sie können! Dieses Buch ist der beste Beweis dafür. Elisabeth von Thurn und Taxis ist eine moderne junge Frau, die in Regensburg aufgewachsen und in England zur Schule gegangen ist, die in Paris studiert und anschließend in New York gelebt hat. Sie ist also in der Welt zu Hause.

Umso positiver ist es, dass sie sich in diesem Buch mit der Volkfrömmigkeit befasst. Erstens findet man in der Gegenwartsliteratur sehr wenig über dieses Thema. Zweitens wird die Volksfrömmigkeit zum Teil durch die liturgische Frömmigkeit an den Rand gedrückt. Die liturgische Frömmigkeit ist natürlich sehr wichtig. Aber sie bedarf der Ergänzung durch die Volksfrömmigkeit, auf die der ein oder andere ja ein wenig hochnäsig herabschaut. Warum aber gehört die Volksfrömmigkeit elementar zu unserem Glauben? Ganz einfach: Das besonders Schöne am katholischen Glauben sind die sinnlichen Elemente. Unser Glaube beschränkt sich nicht nur auf das Gebet, auf die Innerlichkeit und die Rationalität. Er erfasst den ganzen Menschen. Der ganze Mensch ist zur Heiligkeit berufen, und so muss auch der ganze Mensch mitwirken und aktiv werden.

Viele Priester möchten „modern" sein, „mit der Zeit gehen" und wie diese Schlagworte heutzutage auch alle heißen. Sie glauben, dass Volksfrömmigkeit etwas Überholtes ist, und drängen sie Schritt für Schritt aus dem Leben der Kirche hinaus. Der Protestantismus hat diese Form von Frömmigkeit bereits aufgegeben. Für evangelische Christen ist Kirche nur dort, wo gebetet wird und die Sakramente gespendet werden. Dass Kirche aber eine stets präsente Realität ist und unser ganzes Leben erfüllt und beansprucht, ist dort vergessen. Leider gibt es diese Tendenz mittlerweile auch bei uns Katholiken. Es zeigt sich aber, dass dort, wo eine rein „rationale Religion" praktiziert wird, der Glaube an Kraft verliert und irgendwann ganz verschwindet.

Der Glaube aber ist keine rein rationale Angelegenheit. Er braucht auch die schlichten Ausdrucksformen, die es von Anfang an gegeben hat und derer der Mensch auch immer bedürfen wird. Gerade für uns Christen sind sie elementar. Die Volksfrömmigkeit ist ein Schatz der Kirche. Umso wichtiger ist es, ihrer Verdrängung in guter Form entgegenzuarbeiten. Das sage ich gerade mit Blick auf die jungen Menschen. Sie würden sehr bald spüren, was unserem Glauben verloren geht, wenn er nicht mehr „greifbar" ist, wenn er nicht mehr den ganzen Menschen erfasst.

In Bayern spielt die Volksfrömmigkeit seit jeher eine wichtige Rolle. Den Bayern liegt das rein Rationale eher weniger. Für sie steht das Sinnliche im Vordergrund. So hat die Volksfrömmigkeit in Bayern auch einen besonderen Platz im Glaubensleben der Menschen. Natürlich ist es heute durch die Mobilität der Bevölkerung schwierig geworden, wertvolle Traditionen am Leben zu erhalten. Aber je rastloser die Menschen sind, desto mehr bedürfen sie der Heimat und ihrer Riten und Gebräuche. Deshalb ist es so wichtig, dass die Volksfrömmigkeit weiter eifrig gepflegt und so auch für nachfolgende Generationen bewahrt wird. Nur wo der ganze Mensch angesprochen wird, bleibt der Glaube lebendig. Das ist meine Botschaft an die jungen Christen von heute. Ich freue mich deshalb besonders, dass Elisabeth von Thurn und Taxis in diesem Buch bei ihrer Generation dafür wirbt und so zeigt: Volksfrömmigkeit bringt uns Jesus Christus näher.

VOM SCHRECKLICH SCHÖNEN BEICHTEN

Wie bei jedem Kommunionkind stand bei mir im zarten Alter von sieben Jahren meine erste Beichte an. Ich schrieb also brav meinen Beichtzettel. Anschließend begab ich mich mit einem kleinen Knoten im Bauch in den Beichtstuhl. Dort las ich alle meine Sünden herunter. *Ich war unandächtig in der Messe. Ich habe mich mit meinen Geschwistern gestritten. Ich habe meine Lehrerin angelogen* – und so weiter. Der Priester gab mir die Absolution und fertig waren wir. Mein Bauchknoten war gelöst, meine Mutter zufrieden und ich durfte – in eine beigefarbene Kutte gekleidet – die heilige Kommunion empfangen.

Dieses Ritual wiederholte sich vor Ostern und vor Weihnachten von nun an jährlich. Es war mir weder große Freude noch große Last, sondern einfach eine der vielen kirchlichen Pflichten: Sonntagsmessen, Fronleichnamsprozession und eben das Beichten.

Mit den Jahren wurden aber leider auch die Sünden schwerer und der Gleichmut gegenüber dem Beichten verwandelte sich in einen Missmut. Trotzdem beichtete ich weiter, jetzt meist ohne Zettel – dafür mit einem großen Knoten im Magen.

Ehrlich gesagt verstand ich auch nicht wirklich den Sinn dahinter. Meistens beichtete ich ja dieselben Sünden, das heißt, ich wusste schon vor der Beichte, dass ich viele der Sünden beim nächsten Mal wieder vortragen muss. Machte das nicht alles noch schlimmer? Denn obwohl der Priester mich zur Besserung aufforderte, blieb ich vielen meiner Sünden treu. Erst viel später begann ich, die Beichte als ein Sakrament und damit als Geschenk zu begreifen. Wie auch das Frühstücksei ist die Beichte eigentlich ein Genuss, den man ruhig öfters mal konsumieren darf. Zu dieser Folgerung verhalf mir mein Beichtvater und Freund Father Julien. Er erklärte mir, dass es tatsächlich genug sei, bei der Beichte meine Sünden von Herzen zu bereuen und um eine Besserung zu bitten. Außerdem sei die Beichte nicht nur dazu da, mein Gewissen vor Gott zu reinigen, sondern sie beschenke mich auch mit Gnaden.

Natürlich habe ich noch meinen freien Willen, der mich tun und lassen lässt, was ich will. Aber die Beichte hüllt mich ein und schützt mich jedes Mal etwas mehr. Der Schutzmantel ist nicht zu hundert Prozent sündendicht, vielleicht nicht mal zu fünfzig Prozent, aber etwas Schutz gewährt er meiner Seele doch. Klar gibt es manche Sünden, leider gerade die peinlichsten, die ich oft im Beichtstuhl ansprechen muss. Trotzdem weiß ich, das wenn ich nur fleißig weiter beichte und bitte, eines Tages vielleicht diese Sünden nicht mehr auf meinem imaginären Beichtspiegel stehen. Das ist für mich Ansporn genug. Also mehr Mut zum Beichten, es ist tatsächlich schrecklich schön.

DANKE, FASTENZEIT!

*J*eder von uns hat schon einmal daran gedacht, eine Diät zu machen. Bei manch einem wäre eine Diät sicherlich nötig, bei anderen ist die Motivation eher die, einem verrückten Ideal hinterherzulaufen. Manche schaffen den Sprung zwischen der Idee und ihrer Umsetzung, bei anderen bleibt der Wunsch lediglich ein Luftschloss. Wie dem auch sei, das Frustrierende an allen Diäten ist, dass sie nur dann Resultate erzielen, wenn man sie bis in alle Ewigkeit fortsetzt. Niemand aber verrät einem diesen kleinen Haken. Man müht sich also wochenlang ab, auf Kohlehydrate zu verzichten oder auch stinkende Kohlsuppe zu löffeln. Kaum aber berührt nach unendlicher Enthaltsamkeit eine warme Laugenbrezen wieder den Gaumen, macht sich auch gleich der gegen den Hosenbund drückende Bauch wieder bemerkbar! Alles für die Katz!

Die Fastenzeit ist ein guter Moment im Jahr, eine lang anhaltende Diät zu beginnen. Eine Diät, die uns mehr als einen flacheren Bauch oder ein paar Kilo weniger auf der Waage beschert. In dem Moment, in dem ich nämlich auf etwas verzichte, was mir wirklich wichtig ist, befreie ich mich ein Stück mehr aus den Klauen meiner Selbstsucht.

Außerdem fällt es mir leichter, für jemand anderen auf etwas zu verzichten, als für mich selbst die Disziplin aufzubringen. Wenn ich mir zum Beispiel mit einer Freundin ein Stück Kuchen teile, fällt es mir nicht schwer, ihr das letzte Stück zu geben. Wäre ich alleine mit dem Kuchen, würde ich gewiss nicht darauf verzichten, warum auch? Genau das ist der Punkt und ein sehr nobler noch dazu: Es fällt uns leichter, Verzicht zu üben, wenn wir es aus Liebe tun.

In der Fastenzeit wollen wir uns am vierzigtägigen Fasten Christi beteiligen. Auch wollen wir an seinem großen Leid in der Karwoche etwas mittragen. Durch den Verzicht opfern wir uns ihm auf und öffnen ihm dadurch unsere Herzen. Wir solidarisieren uns mit Gott und treten dabei aus uns selbst heraus und in eine intensivere Beziehung mit ihm hinein. In einer Welt, in der es immer nur um meinen eigenen Bauch geht, tut so ein einfacher leiblicher Verzicht viel mehr für meinen Geist als all die sinnlosen Diäten. Ein gestärkter, in sich ruhender Geist braucht auch keine Diät.

Es geht eben um viel mehr als um den Verzicht auf bestimmte Kalorien. Es geht darum, auf etwas sonst Unentbehrliches zu verzichten – ganz egal, ob es sich dabei um

Schokolade, Fleisch oder Alkohol handelt. Früher waren das bei mir jedes Jahr die Süßigkeiten. An Fasching stopften wir uns einmal so viel Süßes in den Mund, bis uns schlecht wurde. An Aschermittwoch begann die scheinbar endlose Trostlosigkeit. Gott sei Dank wird die Fastenzeit von Sonntagen unterbrochen. Weil der Sonntag der Auferstehungstag ist, darf man auch in der Fastenzeit an Sonntagen feiern. Ostern verbrachten wir immer in einem Zuckerrausch, der in der Osternacht begann und irgendwann am Ostermontag mit großen Magenschmerzen endete.

Heute versuche ich, das Fasten oder den Verzicht etwas bewusster zu erleben. Ich möchte dieses Opfer wirklich für Gott und nicht für mich selber bringen. Ich suche mir auch deshalb etwas aus, das auf der Kalorienskala fast unsichtbar ist. Den Kaffee. Ich liebe meinen Kaffee, am morgen müssen es mindestens drei Tassen sein. Ich liebe meinen Espresso nach dem Mittagessen und manchmal sogar noch einen am Nachmittag.

Der Verzicht ist ein Geschenk für Gott. Ich selber habe sehr wenig davon. Zugegeben, ich bin viel gelassener mit meinen Mitmenschen, aber ich könnte ja auch stattdessen „Decaf", also entcoffeinierten Kaffee, trinken. Tue ich aber nicht. Ich verzichte ganz auf den dampfenden Genuss und dabei auf ein mir sehr wichtiges Ritual. Ich schaffe in mir Platz für den Willen Gottes, in dem ich meinen eigenen Willen in den frisch gemahlenen Kaffeebohnen vergrabe. Verglichen mit Gottes Opfer für uns ist mein Opfer natürlich lächerlich, aber wer bin ich schon, mich mit Gott zu vergleichen?

Ich habe vorher schon ein paar Mal versucht, auf meinen geliebten Kaffee zu verzichten. Ich muss sagen, es ist mir noch nie so leicht gefallen wie jetzt, seitdem ich es zu meinem Fastenopfer gemacht habe. Letztlich habe ich mir damit natürlich auch etwas Gutes getan, aber eben nicht in erster Linie. Wenn ich dann am Sonntagmorgen eine dampfende Tasse vor mir hab, genieße ich diese auch endlich wieder so, als wäre es meine letzte Tasse. Danke, Fastenzeit!

Vom Freitagsgebot – Wurst oder Käse?

*F*ür uns Kinder galt die Faustregel: kein Fleisch am Freitag. Wie in den meisten deutschen Haushalten gab es bei uns sonst jeden Tag Fleisch. Meistens sogar mehrmals am Tag. Damals begann der Tag schon ziemlich fleischig. Beim Frühstück aßen wir bereits von einer gut bestückten Wurstplatte. Salami, gekochter oder geräucherter Schinken, Gelbwurst, Fleischwurst und noch viele andere Sorten klebten sorgfältig und dünn geschnitten aneinander. Auch in mein Pausenbrot ließ ich mir Wurst packen. Unterlegt von einer dicken Schicht Butter und in meinen Schulranzen verstaut, reiste diese Cholesterinbombe mit in die Schule. In der Pause musste ich dann etwa ein Kilo zu gut gemeinter Butter aus meinem Pausenbrot rauswischen.

An Freitagen gab es statt Wurst Käse. Naja, und Marmelade und Honig gab es auch, aber ich mochte keine dieser Alternativen sonderlich. Widerwillig nahm ich mein Käsebrot mit in die Schule und lechzte gierig beim Anblick der vielen Wurstbrote, die mich umzingelten. Warum, fragte ich mich, galt eigentlich das Freitagsgebot nicht auch für die anderen Kinder?

Beim Mittagessen gab es statt Hühnchen oder Schnitzel Fisch und Spinat. Auch diese Speise schmeckte mir nicht sonderlich. Kein Fleisch zu essen bedeutete für mich, einen wirklichen Verzicht zu üben. Aber anstelle eines bewussten Opfers war das Freitagsgebot für mich lediglich eines der vielen Ge- und Verbote, die die Welt eines Kindes einschränken.

Heutzutage esse ich sehr selten und eher ungern Fleisch. Es hat sich einfach so entwickelt. Vielleicht bin ich auch nach Tausenden von Pausenbroten an meiner Toleranzgrenze vorbeigeschossen. Wurst habe ich schon ein paar Jahre nicht mehr gegessen. Von daher ist heute das Fleischverbot an Freitagen für mich kein Opfer mehr. Der Katechismus erklärt den Freitag als einen Tag der Abstinenz. Am Freitag sollen wir kein Fleisch essen, weil Jesus für uns an diesem Tag am Kreuz gestorben ist. Fleisch galt früher als etwas Besonderes, sozusagen als ein Festmahl, auf das man an diesem Tag verzichten sollte.

Der Katechismus begründet das Gebot außerdem noch folgendermaßen: Wir sollen kein Fleisch essen, um zu bekennen, dass wir katholisch sind. Diesen letzten Grund finde ich interessant. Abstinenz am Freitag bedeutet also auch, Farbe zu bekennen und stolz zu zeigen, dass ich katholisch bin. Einmal war ich an einem Freitagabend in einem angesagten Restaurant auf Ibiza. Ich wollte mir einen Curry-Salat bestellen und versicherte mich vorher bei der Kellnerin, dass er auch wirklich ohne Fleisch sei. Die junge Frau, die drei Piercings im Gesicht trug, fragte mich, ob ich Vegetarierin sei. Ich verneinte brav und erzählte ihr, dass ich nur an Freitagen kein Fleisch esse. Ich sei nämlich katholisch, erzählte ich weiter. Ihre Brauen zogen sich fast bis über ihren Haaransatz hinaus. Dabei zuckte ihr Augenbrauenpiercing unruhig. „Ist das eine Sekte? Davon habe ich noch nie gehört!" Ich muss gestehen, ich war nicht nur verdutzt, sondern auch schockiert, in einem katholischen Land auf so viel Ignoranz zu stoßen. „Sie haben noch nie etwas vom Katholizismus gehört? Der Religion, auf deren Werten unsere westliche Welt basiert?" Vielleicht war es die Ironie in meiner Stimme, aber sie schien etwas verlegen zu sein und sichtlich errötet entgegnete sie: „Doch, doch, ich meinte nur, weil Sie kein Fleisch essen, dachte ich, es wäre eine Sekte oder so, es erscheint mir so sonderbar." Ehrlich gesagt weiß ich nicht mehr, wer von uns beiden wohl überraschter war, jedenfalls verstehe ich seither den zweiten Grund des Katechismus nur zu gut.

Das Freitagsgebot muss übrigens nicht unbedingt im Verzicht auf Fleisch bestehen. Neulich erklärte mir ein

Priester, dass es an Freitagen viel mehr auf den Verzicht von etwas Geliebtem ankäme, ganz egal, ob Fisch oder Fleisch. Auch kann man zum Beispiel auf Alkohol oder Zigaretten verzichten. Ähnlich wie in der Fastenzeit bedeutet es also, dem Herrn irgendeinen Verzicht bewusst als Opfer anzubieten. Vielleicht ist dieses Opfer wie ein klitzekleines Blümchen am Grab eines geliebten Verstorbenen. Es ist keine große, aber eine liebevolle Geste zum Gedenken an seinen Leidens- und Sterbetag. Leider vergesse ich oft dieses Gebot. Die mit Terminen beladene Woche verfliegt und dann freue ich mich auch schon wieder auf das Wochenende. Eigentlich ist es aber wirklich nicht schwer, dieses Gebot in meine Woche aufzunehmen. Ich werde von daher ab jetzt hoffentlich öfters dran denken.

VON DER NÜCHTERNHEIT VOR DEM EMPFANG DER HEILIGEN KOMMUNION

*E*s gilt als altmodisch, vor dem Empfang der heiligen Kommunion nüchtern zu sein. Nüchtern sein bedeutet lediglich, mindestens eine Stunde lang vorher nichts mehr zu essen oder zu trinken. Eigentlich klingt es logisch, die Kommunion nur nüchtern zu empfangen. Die Eucharistiefeier ist der Höhepunkt der heiligen Messe und sollte auch als solcher respektiert werden. Ähnlich wie man sich durch die Beichte und durch das Gebet geistig auf den Empfang des Leibes Christi vorbereitet, sollte man sich auch körperlich reinigen. Ein vollgestopfter Magen, überschwemmt von einem Cappuccino, ist völlig ungeeignet.

Als Katholiken glauben wir an die Gegenwart Christi ab der Wandlung. Christus ist in der Hostie leibhaftig gegenwärtig, er ist die Hostie. Wir Gläubigen dürfen, sofern wir im Zustand der Gnade sind, unseren Gott in uns beherbergen. In jeder Messe tritt der Herr tatsächlich und persönlich unter uns. Jeden Tag dürfen wir dieses Geschenk annehmen. Dieses Sakrament stärkt uns. Es ist ein Geschenk, das uns hilft, mit den Versuchungen des Alltags besser fertig zu werden. Die wirkliche Macht des Sakramentes ist wohl kaum messbar. Ich stelle mir vor, mich nach dem Empfang der heiligen Kommunion leichter von Gott leiten lassen zu können. Wir tragen Jesus ja dann wirklich in uns.

Es ist ein große Ehre, seinen König, seinen Schöpfer empfangen zu dürfen. Oft bin ich mir dieser Ehre gar nicht bewusst. Wenn ich in der Kirche bin, gehe ich fast automatisch zur Kommunion. Die wirkliche Tragweite der Präsenz Gottes wird mir dabei aber nur selten klar. Es ist etwa so, als würde ich eines Tages jemanden, den ich sehr verehre, bei mir zu Hause empfangen. Wie es im „Dómine, non sum dignus" heißt, geht der Herr ein unter unsere Dächer. Er tritt an uns heran. Er ist sich nicht zu gut, uns persönlich einen Besuch abzustatten. Er sendet nicht irgendeinen seiner zahlreichen Diener. Nein, er selbst beehrt uns. Es würde mir niemals einfallen, einen solchen Gast in einen Saustall zu bitten. Natürlich würde ich vorher aufräumen, die Wohnung putzen und vielleicht sogar ein paar Blumen kaufen. Wie viel wichtiger ist es demnach, unseren inneren Saustall auf den Besuch des Herrn vorzubereiten.

Heutzutage sind die Altarräume vollgestopft mit Menschen. Während der Wandlung hüpfen Kinder umher. Mehrere Priester konzelebrieren gemeinsam, was ein einzelner alleine viel besser könnte. Frauen mischen sich ins Geschehen. Eigentlich würde man meinen, dass dagegen nicht wirklich etwas einzuwenden ist. Es erscheint uns positiv, dass sich so viele Menschen in die Messe mit einbringen. Der Rummel lenkt aber von der tatsächlichen Gegenwart Christi ab. Was bleibt, ist ein Ringelreihen, ein Tanz, ein Beisammensein.

Wir brauchen eine andächtige Haltung, um den Leib Christi wirklich bewusst empfangen zu können. Diese Haltung kann aber nur während einer würdevoll zelebrierten Eucharistiefeier entstehen. Nur dann kann ich in mich gehen. Nur dann wird mir ein Bruchteil der Bedeutung des Sakraments wirklich klar. Nur dann kann ich mich auf den Empfang des Leibes Christi vorbereiten. Diese innere Haltung ist Voraussetzung.

Leider scheinen viele Priester ihren Gemeinden nicht mehr klarzumachen, dass Gott selbst und nicht ein Symbol unter unsere Dächer tritt. Führt man sich diese Tatsache einmal vor Augen, fällt es einem leichter, sich durch Nüchternheit auch körperlich auf den Empfang vorzubereiten. Genauso wie ich mich und mein Haus vor einem Abendessen herrichte, möchte ich mich auch innerlich für Gott etwas zurechtmachen. Schließlich möchte ich mich von meiner besten Seite zeigen.

DAS MORGENGEBET –
DIE SINNVOLLE ART,
DEN TAG ZU BEGINNEN

*F*rüher habe ich selten am Morgen gebetet. Meistens lag es daran, dass ich keine Zeit hatte oder mir einbildete, keine Zeit zu haben. Lieber blieb ich benommen noch ein paar Minuten im Bett liegen und versteckte mich unter meiner Bettdecke wie ein Molch.

Es änderte nichts, dass Geistliche mir immer wieder sagten, wie wichtig das Gespräch mit Gott sei. Mit ihm sei es wie mit Freunden oder Verwandten. Man müsse den Kontakt zu ihnen pflegen oder verliere sie aus den Augen. Genauso war es zwischen mir und Gott.

Ich dachte an ihn vor dem Einschlafen, aber dann ist der Tag schon vorbei und alles gelaufen. Dieses „Gebet" war eher ein Entladen aufgestauter Emotionen. Einen echten Draht zu Gott spürte ich dabei nicht.

Inzwischen ist das Morgengebet das wichtigste Ritual meines Tages. Darüber bin ich sehr froh; denn ich bin kein wirklicher Routine-Typ. Das Gebet unmittelbar nach dem Aufwachen hilft mir, mich zu zentrieren. Es bereitet mich auf den Tag vor. Es ermöglicht mir, einen Moment innezuhalten, bevor alles losgeht.

Früher begann mein Tag ständig in Hektik. Zu spät für die Schule, zu spät für die Uni, schnell noch dies oder jenes. Keine Zeit, keine Zeit, keine Zeit. Wie konnte ich wissen, dass ich – wie so oft – an der falschen Stelle sparte? Das Morgengebet beraubt mich nicht. Es bereichert mich.

Es dauert etwa zehn Minuten. Entweder lese ich den „Gedanken für jeden Tag" von Romano Guardini. Manchmal verstehe ich den Gedanken sofort. Andere Male verstehe ich nur Bahnhof. Oder ich lese einige Extrakte aus einem kleinen Büchlein von Benedikt XVI. mit dem Titel „Gedanken und Impulse für junge Menschen".

Heute zum Beispiel gefiel mir der Gedanke, dass sich die Erde nur durch Vergebung von einem „Tal der Tränen" in einen „Garten Gottes" verwandeln lässt. Nur durch die göttliche Vergebung, die der Gnade entspringt. Diese Gnade spüre ich nach meinem Morgengebet am allermeisten.

Zuletzt lese ich aus dem Laienbrevier „Magnificat" das jeweilige Morgengebet oder eine Lesung. Praktisch an diesem Stundenbuch ist, dass es auch die Heiligen des Tages erwähnt, heute zum Beispiel den heiligen Josef.

Endlich bin ich mehr oder weniger wach. Bevor ich mich tatsächlich aus dem Bett rolle und aufrichte, knie ich mich nochmals hin, um ein Ave Maria zu beten. Das

Hinknien ist so etwas wie eine Demutsübung oder ein Opfer. Ich knie nämlich sehr ungern. Aber gerade aus diesem Teil des Rituals schöpfe ich am meisten Kraft. Die göttliche Gnade spüre ich im Knien mehr als in jeder anderen Position.

Oft bin ich am Morgen noch sehr verschlafen und das Lesen und Aufnehmen fremder Gedanken fällt mir schwer, auch wenn sie noch so vereinfacht sind. Trotzdem fühle ich mich durch mein Morgengebet geborgen. Es ist, als ob ich eine Art Schutzpanzer um mich schnalle. Diese zehn Minuten erinnern mich daran, dass ich erst wirklich lebe, wenn ich mit Gott lebe und er in mir. Es gibt keine sinnvollere Art, meinen Tag zu beginnen.

DER ROSENKRANZ –
EINE VITAMINBOMBE
FÜR DIE SEELE

*A*uf meinem Nachtkästchen liegen zwei Rosenkränze. Meinen Lieblingsrosenkranz erhielt ich letztes Jahr von Benedikt XVI. bei unserer Papstaudienz. Die wunderschön glänzenden Perlen sind besonders hübsch anzuschauen. Auch berühre ich die Perlen gerne. Es beruhigt mich, mit dem Rosenkranz in den Händen einzuschlafen. Das liegt aber gewiss nicht nur daran, dass er aus den Händen des Heiligen Vaters kommt, denn es geht mir auch mit anderen, weniger prominenten Rosenkränzen ähnlich. Was also macht den Rosenkranz und seine Gebete so besonders?

Das Beten des Rosenkranzes ist ein meditatives Gebet. Man wiederholt immer wieder eine Reihe von Gebeten und konzentriert sich auf nichts anderes als auf die gesprochenen Zeilen. Durch das Verkuppeln einer mentalen mit einer körperlichen Tätigkeit schaffe ich in mir Ruhe und Ordnung. Auch die Buddhisten beschäftigen sich viel mit Meditation und schöpfen darin Kraft. Die ständige Wiederholung und der vorgegebene Ablauf erlauben mir, meine Tätigkeit zu vergessen und mich somit auf meine innere Sammlung zu konzentrieren.

Außerdem macht man so seinem Kopfkrieg den Garaus. Mit Kopfkrieg meine ich meine Gedanken, Sorgen und Überlegungen, die wie Raketen und Handgranaten in meinem Kopf umherschießen. Manchmal sind es ja ganz harmlose Gedanken. Oft aber verwandeln sich die Gedanken in echte Bedenken und lösen Unbehagen in mir aus. In der Dunkelheit meines Schlafzimmers bin ich ihnen dann ausgeliefert – dem Rosenkranz sei Dank aber nicht hilflos. Beim Einschlafen legen sich diese mulmigen Gedanken wie ein dichter Nebel in meinem Kopf nieder. Untertags bin ich abgelenkt und schenke ihnen kaum Zeit. Die mulmigen Gedanken machen es mir dann unmöglich einzuschlafen. Genau dann brauche ich meine spirituelle Schlaftablette, den Rosenkranz.

Ich möchte aber nicht behaupten, dass das Beten des Rosenkranzes so langweilig ist, dass man davon nur einschlafen kann. Ganz im Gegenteil. Es kommt bei diesem Gebet ganz einfach auf den Umstand an, in dem man ihn betet. Beim Einschlafen jedenfalls ist der Rosenkranz das schonendste Schlafmittel.

Ich bete den Rosenkranz auch gelegentlich in einer Situation, in der das Einschlafen tödliche Folgen hätte, nämlich beim Autofahren. Demnach bin ich wirklich von seiner multiplen Funktion felsenfest überzeugt. Einmal war ich mit einer Freundin unterwegs zu einem wichtigen Gespräch. Ich war wegen der Ungewissheit, wie es wohl verlaufen würde, sehr nervös. Kurzerhand beschlossen wir deshalb, zusammen den Rosenkranz zu beten. Auch hier wirkte das Gebet wie ein Wundermittel. Als wir nach etwa fünfzehn Minuten fertig waren, fühlte ich mich plötzlich gelöst von meinen Sorgen und viel selbstsicherer.

Der Rosenkranz ist also ein Allheilmittel, ein Powergebet, ein Beruhigungsmittel oder auch einfach ein guter Zeitvertreib. Meine alte Tante Tata trug einen Rosenkranz in Form eines Armbands am Handgelenk. Immer dann, wenn sie sich beim Auf-uns-Warten langweilte, betete sie den Rosenkranz. Leider musste meine arme Tante sehr oft warten, weil wir uns meistens verspätet haben. Aber die Zeit war somit für sie nie vergeudet.

Mein Fazit also lautet: Mehr Rosenkranz beten, für alle! Bei Schlafstörung, Unsicherheit, Langeweile oder einfach als Meditation. Man kann beruhigt davon ausgehen, dass weder Nebenwirkungen auftreten noch eine Überdosierung möglich ist.

DAS HINKNIEN –
DIE GROSSE ÜBERWINDUNG

*A*ls Kinder knieten wir jeden Abend vor dem Einschlafen an unseren Betten und beteten ein gemeinsames Nachtgebet. Es gehörte einfach dazu, wie etwa das Zähneputzen oder das Abendessen. Als ich etwas älter wurde und unsere Schlafengehenszeiten anfingen zu variieren, verrichteten wir unsere Gebete oftmals nicht mehr zusammen. Nun betete ich erst, als ich im Bett lag, und murmelte noch schnell ein übermüdetes Vaterunser oder eine kurze Danksagung. Das Hinknien fiel langsam aber sicher unter den Tisch.

Es fällt mir schwer zu knien, aus verschiedenen Gründen. Zum einen ist die Haltung sehr unbequem. Vor allem in alten Kirchen, in denen die Kniebänke oft karg und ungepolstert sind, bohrt sich das harte Holz in die hilflos ausgelieferten Schienbeine und Knie. Natürlich gibt es Momente, in denen ich mich reuevoll fühle und mir daher eine demütige Haltung angebracht erscheint. Etwa nach der Beichte – oder noch besser vor der Beichte. Nach einem Streit mit einem nahen Familienmitglied oder wenn ich viel zu spät zur Sonntagsmesse erscheine, fällt das Hinknien auch etwas leichter. Diese Momente sind aber nicht von Dauer. Sobald ich mich wieder stark genug fühle und sich mein Stolz erholt hat, möchte ich sitzen.

Während der Messe ist es einfacher, denn da wird der Ablauf durch die liturgische Handlung bestimmt. Zuhause hingegen ist es ein täglicher Kampf. Angefangen hat es, als ich der Muttergottes versprach, mich von nun an sowohl morgens als auch abends beim Beten hinzuknien. Es ging mir damals sehr schlecht, sonst hätte ich mich nämlich nicht zu einem so waghalsigen Versprechen hinreißen lassen. Aber versprochen ist versprochen und anfangs hielt ich mein Wort. Aber seit einiger Zeit hat es sich wieder eingeschlichen, dass ich nur mehr am Morgen meine Gebete im Knien verrichte. Am Abend leg ich mich lieber gleich ins Bett und denke dann: „Ach, was soll's, ist ja schon so spät und außerdem ist's viel zu kalt, um vor dem Bett zu knien."

Es fällt mir einfach wahnsinnig schwer, mich hinzuknien. Ich habe auch oft der Muttergottes gegenüber ein schlechtes Gewissen. Ich weiß ja, dass ich jedes Mal mein Versprechen breche, wenn ich es bewusst vergesse. Obwohl – oder vielleicht gerade weil diese Position mir so unbequem ist, fühle ich mich der Gottesmutter beim Knien näher. Ist diese Nähe vielleicht die sofortige Entschädigung für mein Opfer? Kann es wirklich so einfach sein, vom Himmel belohnt zu werden?

Meine fünfjährige Kusine Laetitia bekommt, wenn sie etwas Gutes tut, einen Stempel und bei zehn Stempeln dann ein kleines Geschenk. Ich hingegen bekomme schon nach einem Stempel ein riesiges Geschenk. Ich muss mich dem nur öffnen und es auch zulassen. Diese unendliche Gnade ist fast erschreckend. Denn eigentlich kassierte ich meinen Teil der Abmachung doch schon, als es mir nach einer furchtbaren Krankheitsphase wieder gut ging. Ich habe oft das Gefühl, der Schuldner zu sein, der eine große Hypothek vor sich herschiebt. Wenn ich dann durch ein kleines Opfer einen Teil dieses Berges abtrage, werde ich ungeheuer großzügig belohnt. Das ist so, als würde ein Vermieter seinem Mieter jedes Mal, wenn der seine Miete zahlt, ein Geschenk machen. Unvorstellbar?

Knien ist immer wieder eine große Überwindung, der ich mich stelle oder der ich entfliehe. Wenn ich aber knie und mich kleinmache, bete ich meistens am intensivsten.

Ich finde diese Beobachtung unbegreiflich und bin deshalb froh, dass ich sie auch nicht begreifen muss. Ich muss einfach meine Miete zahlen, sooft es geht, und darauf hoffen, dass die entstehenden Gnaden mir in den Momenten, in denen ich es nicht kann, dabei helfen, es doch zu schaffen.

Vom Mut, wieder die Hände zu falten

*A*ls Kinder knieten wir mit aufrecht gefalteten Händen vor unseren Betten und beteten gemeinsam das Abendgebet. Das Händefalten war Teil des Rituals und wurde somit nicht infrage gestellt. Mit gefiel diese Geste schon damals. Das Händefalten beeinflusst die ganze Körperhaltung. Der Rücken wird gerade, die Schultern entspannen sich und der Blick ist nach vorn gerichtet. Es ist eine würdige und andächtige Haltung. Leider hat man das Händefalten wie so vieles Schöne aus der Kindheit später beiseitegeworfen wie einen zu eng gewordenen Pullover. Kaum noch sieht man Betende mit gefalteten Händen. Darum fordere ich mehr Mut zum Händefalten!

Schaut man sich einmal in den Kirchen um, sieht man Menschen in vielen verschiedenen Posen. Manche lassen die Arme unbeholfen neben ihren Körpern baumeln, andere tragen sie verschränkt vor ihren Bäuchen. Keine dieser Posen ist wirklich eine Gebetshaltung. Die Psychologie erklärt die verschränkten Arme als eine abweisende Haltung, die keinen Kommunikationsaustausch zulässt. Die baumelnden Arme dagegen sind ganz einfach unandächtig und verraten sehr wenig über die geistige Anwesenheit des Betroffenen. Ob ich nun an der Bushaltestelle oder an einer Bar stehe, diese Haltung signalisiert Gleichgültigkeit. Nichts an dieser Haltung motiviert mich zu Sammlung und Gebet.

Frömmigkeit widerstrebt uns. Wir möchten lieber rational und analytisch sein. Gebet, ja sicherlich, aber bitte ohne Körpersprache. Dass diese falsche Bescheidenheit völlig blödsinnig ist, wird einem eigentlich schnell bewusst. Es ist etwa so, als würde man beim Boxen versuchen, seinen Gegner nur mit ganz sachten Hieben k. o. zu schlagen. Völlig absurd!

Im Übrigen sind wir Menschen mit Leib und Seele. Der Körper spielt im Katholizismus eine enorm wichtige Rolle. Wir negieren nicht unsere leiblichen Gelüste, sondern wir zelebrieren sie. Wir riechen, schmecken, sehen während einer Messe. Viele unserer Kirchen sind architektonische Meisterwerke, angefüllt mit unzähligen Gemälden und Skulpturen aus den Händen großer Künstler. Es duftet nach Weihrauch. Die Priestergewänder sind opulent verziert. Prachtvolle Musik wurden eigens für den Gottesdienst geschrieben.

Der wichtigste Beweis aber für die Bedeutung unseres Leibes ist die Menschwerdung selbst. Jesus ist für uns

Mensch geworden und hat dadurch dem Körper eine besondere Bedeutung geschenkt. Die Seele, der Geist und der Körper sind Abbilder Gottes. Wir wissen außerdem, dass wir im Himmel wieder mit unserem Körper vereint werden. Kurzum, unsere Körperhaltung während des Gebetes sollte genauso wichtig sein wie unsere geistige Haltung.

Es wirkt ungewohnt, ja fast altbacken, einen Erwachsenen mit erhobenen, aneinander gepressten Händen beten zu sehen. Ist es aber nicht sinnvoll, beim Gebet eine Haltung einzunehmen, die uns aufrichtet, uns hellhörig macht? Ist es das kindlich Fromme, welches uns am Händefalten irritiert? Gerade aber diese kindliche Geste zeichnet meine innere Haltung während des Gebetes besonders aus. Vor Gott sind wir letztlich wie übermütige Kinder, die immer wieder hinfallen und sich die Knie blutig schlagen. Gott ist der unermüdliche Vater, der uns aufrichtet und die Tränen trocknet.

Das Erwachsenwerden hat vielerlei Vor- und Nachteile. Einer der Nachteile ist der, sich nicht mehr von seiner Intuition, seinem Bauchgefühl leiten zu lassen, sondern nur mehr von seinem Verstand. Das Händefalten hat da keinen Platz mehr. Vielleicht legen wir gerade noch müde die Hände ineinander oder lassen sie lose hängen wie verwelkte Blumen. Mit erhobenen, aneinander gepressten Händen bringe ich mich körperlich in eine ehrfürchtige und demütige Haltung und öffne mich somit für eine Kommunikation mit Gott.

Auch ich vergesse leicht das Händefalten. Wenn mir diese Haltung aber hilft, mich zu sammeln und inniger zu beten, lohnt es sich doch, mir die Bedeutung immer wieder vor Augen zu führen.

DAS KLEINE KREUZZEICHEN: EIN GROSSER SCHUTZ

*D*as Kreuzzeichen ist ein wichtiges Ritual, denn es repräsentiert den Kern unseres Glaubens, die Auferstehung. Jesus ist für uns am Kreuz gestorben und hat uns dadurch gerettet. In seinem Gedenken bekreuzigen wir uns vor dem Gebet. Es lohnt sich, einmal etwas näher über das Kreuzzeichen nachzudenken.

Für den Teufel muss der Tod Jesu am Kreuz wohl vorübergehend der größte Erfolg gewesen sein. Der Kreuzestod war ein demütigendes Hinrichtungsverfahren. Mördern und Räubern wurde so das Leben genommen. Durch Christi Tod wird die Kreuzigung in einen Segen verwandelt. Durch das Kreuz besiegt Christus die Sünde und den Tod und rettet uns vor der ewigen Verdammnis. Dadurch ist das Kreuz vom Symbol des Todes zu einem Symbol des ewigen Lebens aufgestiegen.

Der Tod Jesu am Kreuz beinhaltet aber noch eine andere wichtige Botschaft für uns: die Demut! Durch seinen schmerzhaften Tod wird das Kreuz zu seinem Thron, mit dem er aufsteigt in die Ewigkeit. Das Kreuz erinnert außerdem an die Vergänglichkeit irdischer Eitelkeiten. Der König der Könige ist als einfacher Mann gestorben. Das Leben ist trotz der vielen funkelnden Möglichkeiten nur unsere Probezeit. Wir dürfen uns nicht zu sehr ablenken lassen, sondern müssen uns auf das ewige Leben vorbereiten. Auch daran erinnert uns das Kreuz.

Das Kreuzzeichen ist ein sehr mächtiges Zeichen. Es symbolisiert die Dreifaltigkeit Gottes. Es vereint sozusagen die Essenz des Himmels. Dadurch schützt es uns auch vor der Versuchung. Das Kreuzzeichen erschreckt den Teufel wie kein anderes, denn es erinnert ihn an seine größte Niederlage. Wenn ich mich im Vertrauen bekreuzige, spendet mir dieses kleine Zeichen Schutz. Im alten Ritus macht der Priester zum Segen und zum Schutz gegen die Macht des Teufels unzählige Kreuzzeichen über dem Täufling.

Es gibt verschiedene Möglichkeiten, sich zu bekreuzigen. Wir können mit unserem Daumen ein kleines Kreuz über unser Herz zeichnen. Dieses Zeichen ist in den Fällen nützlich, in denen wir unbeobachtet bleiben wollen, etwa während eines Streites mit der Mutter. Ich erbitte mir dadurch die Hilfe, gelassen zu bleiben und mich nicht von der Versuchung hinreißen zu lassen. Eine solche Geste kann ich wirklich in jeder Situation machen, es bedarf keines langen Gebets oder eines mühseligen Hinkniens. Nicht einmal eine Sekunde dauert es und doch zeige ich Gott, dass ich auf ihn vertraue.

Vor dem Evangelium bekreuzigen wir uns, indem wir ein kleines Kreuz auf der Stirn, auf dem Mund und auf dem Herzen machen. Wir bitten Gott, es uns durch dieses Kreuzzeichen zu ermöglichen, das Evangelium in unser Herz aufzunehmen und durch unsere Lippen zu verkünden. Mir gefällt dieses Zeichen besonders. Über meinen Verstand gelangt mein Glaube in mein Herz und anschließend liegt es an mir, ihn an meine Mitmenschen weiterzugeben.

Vor ein paar Jahren diskutierte Deutschland über die Bedeutung von Kruzifixen in Klassenzimmern. Die Kritiker bezeichneten das Kreuz als makaber und erschreckend. Sie sahen das Kreuz als etwas Beängstigendes, vor dem man die Kinder schützen müsste. Dabei schienen sie die wahre Botschaft des Kreuzes überhaupt nicht zu begreifen. Das Kreuz ist nämlich alles andere als erschreckend. Es symbolisiert die froheste Botschaft von allen, nämlich die Botschaft der Liebe. Gott liebt uns Menschen so sehr, dass er seinen einzigen Sohn auf so furchtbare Weise aufopfert, um uns zu retten. Jedes Mal, wenn wir uns bekreuzigen, erinnern wir an diesen ultimativen Liebesbeweis. Deshalb ist für mich das Kreuzzeichen die größte Bestätigung.

DAS WEIHWASSER – ODER DER TURBO-SCHUTZ NICHT NUR FÜR KALTE TAGE

Weihwasser hat mich immer schon fasziniert. Als Kinder hatten wir einen kleinen silbernen Behälter neben der Tür unseres Zimmers hängen. Es war wie ein Ritual, meinen Finger zu befeuchten und mich zu bekreuzigen. Manchmal fand ich nach einem Wochenende das Schälchen trocken, was mich sehr enttäuschte. Ich wusste zwar nicht, warum, aber das gesegnete Nass beruhigte mich irgendwie.

Indem ich mich mit Weihwasser bekreuzige, erneuere ich mein Taufversprechen und reinige meinen Geist. Außerdem ist das Wasser durch seinen speziellen Segen auch Schutz vor beziehungsweise Befreiung von negativen Kräften. Natürlich kann man dasselbe auch von einem Gebet sagen, nur ist das Wasser wegen des auf ihm ruhenden priesterlichen Segens ein Turbo-Schutz.

Weihwasser war in der Frühchristenzeit ein sehr wichtiger Bestandteil des Glaubens. Nicht zuletzt gilt Wasser als Ursprung und Quell des Lebens. In der Bibel gibt es unzählige Bezüge zum Wasser als Leben erneuernder Kraft.

Wie so oft im Leben bemerke ich etwas erst, wenn es weg ist. Und genauso war es dann auch am Karfreitag mit dem Weihwasser. Als ich wider Erwarten meinen Finger in die große Steinschale tauchte und über eine harte und trockene Oberfläche strich, begriff ich, dass diese erst in der Osternacht wieder aufgefüllt wird. Ich fühlte mich wie ein Kind, das anstatt Gummibärchen Paprikaschoten in seiner Pausentüte findet – erst verwirrt und dann etwas genervt.

Eine der Besonderheiten am katholischen Glauben ist seine Greifbarkeit. Wir haben Medaillen und Kreuze zum Umhängen und in der Eucharistie dürfen wir uns im wörtlichen Sinne am Heiland stärken. Wir haben Wallfahrtsorte wie etwa Lourdes, wo die Muttergottes der heiligen Bernadette erschienen ist. Dort können wir an der Grotte beten, den Felsen berühren, in das heilende Wasser tauchen und somit wirklich Teil des Wunders werden.

Diese Interaktivität erleichtert mir den Bezug zu Gott. Außerdem beweist sie mir, wie modern und praktisch die katholische Kirche im Vergleich zu anderen Religionen ist. Denn sie versteht, dass wir mehr als abstrakte Gedanken und Worte brauchen. Wir brauchen Bilder, Orte und Menschen. In unserem Glauben ist diese Idee sehr tief verankert. Ikonen, Reliquien und Heilige werden nicht nur symbolisch verehrt, sondern die Darstellungen selbst hat für uns eine enorme Bedeutung.

In einer Kirche ohne Weihwasser vermisse ich die Anwesenheit und das Ritual der Bekreuzigung. Es beruhigt mich, beim Eingang der Kirche meine Finger hineinzutauchen. Dieses „hands on experience", das Eintauchen und Bekreuzigen, hüllt mich unter den Schutz Gottes wie unter einen warmen Mantel an einem kalten Wintertag. Und weil ich leicht friere, bin ich für diesen Extra-Bonus sehr dankbar.

VOM WUNDERMITTEL DER HEILIGENVEREHRUNG

Als Katholiken haben wir aber nicht nur das Weihwasser als etwas tatsächlich Greifbares. Wir haben Heilige, die wir anrufen können, Wallfahrtsorte, zu denen wir pilgern können, und Reliquien, die wir sehen und verehren können. Die Heiligenverehrung ist eine der Praktiken, die Martin Luther besonders missfiel. Dabei gibt es für mich nichts Schöneres und Praktischeres, als einen konkreten Heiligen anzurufen. Auf Reisen etwa ist der heilige Christophorus mein Ansprechpartner. Dessen Abbild führt jedes Familienmitglied in Form einer Medaille in seinem Auto mit sich. Ein Gebet samt einem Versprechen an den heiligen Antonius wirkt wie ein Wundermittel, wenn man etwas verloren hat. Der heilige Judas Thaddäus und die heilige Rita sind für die hoffnungslosen Fälle zuständig. Deshalb wurden die beiden von mir während meiner Schul- und Studienzeit extrem beansprucht. Eine treue Beschützerin ist mir außerdem meine Namenspatronin, die heilige Elisabeth. So wie es einem Kind gefällt, sein Federmäppchen mit einer Vielzahl von Buntstiften zu füllen, finde ich es schön, eine Vielzahl von Freunden und Fürsprechern in der Ewigkeit zu haben.

Elisabeth von Thüringen war eine wirklich bemerkenswerte Frau. 2007 feierten wir ihren 800. Geburtstag. Obwohl sie nur 24 Jahre alt wurde, berührte sie durch ihre Güte und Kraft schon zu Lebzeiten Tausende von Menschen – und Millionen bis heute. Die 1207 in Ungarn geborene Königstochter wurde aus den üblichen dynastischen Gründen bereits mit vier Jahren zum Landgrafen von Thüringen gesandt. Die Versprochene wuchs am Hofe auf, um später mit nur vierzehn Jahren dessen Sohn Ludwig zu heirateten. Diese Ehe war trotz des Arrangements eine Liebeshochzeit. Den Anstoß, allem höfischen Luxus zu entsagen und sich ganz in den Dienst Gottes zu stellen, gab ihr eine Begegnung mit Brüdern des Franziskanerordens.

Elisabeth war dem Hofe ein Dorn im Auge. Sie tauschte ihre teuren Kleider und ihre Edelsteine gegen eine einfache Kutte und brachte den Armen ihre eigene Verpflegung und ihr Geld. Sie lebte ausschließlich für den Dienst am Nächsten und sah in den Schwachen Gott selbst.

Nach dem Tod ihres Mannes und Fürsprechers beim Kreuzzug 1260 setzte sie ihr Schwager mit ihren Kindern ohne einen Pfennig Geld vor die Tür. Trotz eigener finanzieller Not investierte sie ihre mühsam erkämpfte Abfindung in den Bau eines Krankenhauses. Dort pflegte sie bis zu ihrem Tod Kranke und Aussätzige.

Eigentlich hat der Namenspatron eine ähnliche Aufgabe wie der Taufpate, bloß sitzt er im Himmel. Genau wie wir unserem Taufpaten schreiben, ihn um Rat fragen oder ihm einen Geburtstagswunsch äußern können, können wir das auch mit unserem Namenspatron tun. Es ist schön, seinen eigenen Ansprechpartner im Himmel zu haben. Somit sind die irdischen und himmlischen Aufgabenbereiche abgedeckt. Es ist schön, einen Namen zu tragen, der durch das Leben eines Heiligen an Bedeutung gewonnen hat.

Wir leben in einer Zeit, in der unsere Helden Menschen sind, die nichts anderes tun, als sich selbst darzustellen und ihren Körper zu verkaufen. Es tut gut zu wissen, dass es auch wirkliche Helden gegeben hat, Menschen, die ihr Leben in den Dienst des Nächsten und damit Gottes gestellt haben. „Ihr sollt wissen, dass ich sehr glücklich war." Diese vermeintlich letzten Worte der heiligen Elisabeth trösten mich. Sie ist trotz ihrer Demütigungen und Aufopferungen glücklich gestorben. Sie beweist, dass uns letztlich nicht Selbstdarstellung, Ruhm oder Annerkennung glücklich machen, sondern die Nähe zu Gott.

VOM BETEN ZUM HEILIGEN ANTONIUS

*E*s gibt kaum etwas Ärgerlicheres, als einen wichtigen Gebrauchsgegenstand zu verlegen. Seinen Hausschlüssel, sein Handy oder sein Notizbuch zu verlieren, bedeutet im besten Fall, mühselige Rechtfertigungs-Emails zu schreiben. Zu erklären gilt, warum man nun nicht zurückgerufen oder gar jemanden versetzt hat. In schlimmeren Fällen kann es eine Nacht vor der eigenen Haustür oder sogar den Verlust einer Freundschaft bedeuten. Wie auch immer man es nun dreht oder wendet, etwas Wichtiges zu verlieren, ist ein aus dem Maul stinkendes, Zeit fressendes Monster. Deshalb habe ich mir auch schon seit frühester Kindheit ein Konto beim heiligen Antonius eingerichtet. Ich wiege mich in völliger Sicherheit, dass er mich aus jedem Schlamassel wieder herausholt.

Der heilige Antonius ist ein echter Volksheiliger. Es gibt zahllose Erzählungen von seinen Wundertaten. Eine dieser Geschichten erzählt von einem jungen Mönch, der die Psalter des Heiligen heimlich stahl. Daraufhin wurde der Mönch von Erscheinungen geplagt und diese führten schließlich dazu, dass er das Buch zurückbrachte. Der heilige Antonius war sogar so beliebt, dass man ihm zu Ehren eine Basilika in Padua errichtet und seine Gebeine dorthin überführt hat. Die Grabstätte ist nach wie vor ein ausgesprochen beliebter Wallfahrtsort.

Als kleines Kind betete ich, wenn ich etwas verlor, sofort zum heiligen Antonius. Über das Gebet freute sich der gute Mann gewiss, doch ließ er sich schon damals nicht lumpen. „Willst du deine Barbie wiederhaben, musst du ihm etwas dafür versprechen", erklärte mir meine Mutter. Ich versprach dann, andächtiger in der Sonntagsmesse zu sein oder ein zusätzliches Gebet vor dem Schlafengehen zu sprechen. Nie ließ er mich hängen. Manchmal bekam ich allerdings das Vermisste nicht gleich zurück. Auch diese Botschaft lernte ich recht schnell zu deuten. Es bedeutete nämlich, dass mein Versprechen wohl nicht ganz angemessen war. Statt eines zusätzlichen Gebets versprach ich ihm noch einen Kurzbesuch in der Kirche und schwupp! war meine Barbie plötzlich wieder da.

Heutzutage verspreche ich dem heiligen Antonius immer eine Spende. Die meisten Kirchen enthalten ein Opferkästchen, über dem ein Abbild des Heiligen thront. Auch jetzt muss ich den Wert des mir Abhandengekommenen richtig abschätzen. Es geht dabei eigentlich nicht darum, wie viel der Gegenstand nun gekostet hat. Vielmehr geht es darum, wie viel er mir persönlich wert ist.

Es muss sich dabei nicht unbedingt um einen Gegenstand handeln. Ich kann auf der Suche nach einem Menschen, einem Zustand, ja sogar der Zeit sein, die mir mal wieder verloren gegangen ist.

Neulich reservierte ich in einem recht teuren Kurhotel ein Doppelzimmer. Der Aufenthalt sollte eine Reitreise durch das isländische Hochland beschließen. Stundenlange Ritte, Übernachtungen ohne Duschmöglichkeiten, karge Massenlager. Das zweitägige Erholungsprogramm war also der krönende Abschluss. Leider buchte ich die Zimmer zwar für die richtigen Tage, aber im falschen Monat. Als ich dann durch eine E-Mail auf die Stornierungsfrist hingewiesen wurde, drehte sich fast mein Magen um. Der volle Betrag sollte bezahlt werden! Ich malte mir schon aus, meiner Schwester diese Dummheit mit Folgen beichten zu müssen.

Schnell schickte ich dem Hotel eine herzzerreißende Entschuldigungs-E-Mail hinterher. Ich erhoffte mir davon allerdings nicht sehr viel, immerhin hatte ich schon eine klare Ansage bekommen: Zahlen! Da fiel mir plötzlich mein treuer Freund und Helfer, der heilige Antonius, wieder ein. Ich betete also ein kurzes Stoßgebet. Ich machte ihm ein Angebot, dass er, so hoffte ich, nicht ablehnen konnte. Überwältigt war ich, als ich in meinem Posteingang eine neue E-Mail des Hotels vorfand. Meine Stornierungsgebühr war tatsächlich storniert worden!

Gott sei Dank muss ich dieses Phänomen nicht begreifen. Viele, viele Male hat mir der heilige Antonius schon aus der Patsche geholfen. Ich glaube so fest an ihn, dass ich sogar Suchenden, die nichts mit der Kirche am Hut haben, dazu rate, sich an meinen Lieblingsheiligen zu wenden. Wenn ich ihn sonntags ab und zu in der Kirche besuche, sehe ich viele kleine gefaltete Zettelchen zwischen seinen Fingern stecken. Offensichtlich glauben auch andere genauso fest an ihn wie ich.

DIE PERFEKTESTE BEGLEITUNG DER WELT: DIE WUNDERTÄTIGE MEDAILLE

Normalerweise muss man sich im Leben zwischen etwas Schönem und etwas Praktischem entscheiden. In den seltensten Fällen vereinen sich beide Adjektive in einem Gegenstand. Tischuntersetzer zum Beispiel sind praktisch. Sonnenblenden auf Autofenstern, meist in bizarren Tierformen, sind es ebenfalls – aber bitte nicht schön. Anders ist es mit der wundertätigen Medaille. Ich kann mich noch gut daran erinnern, wie ich zur Erstkommunion eine kleine goldene Muttergottes-Medaille bekam. Um genau zu sein, war es die wundertätige Medaille der Rue du Bac. Ich freute mich riesig, zwischen all den Gebetbüchern und Wandkreuzen auch ein Geschenk zu finden, von dem ich Gebrauch machen konnte. Ich konnte es nämlich, um meinen Hals gehängt, in der Schule zur Schau tragen.

Diese Medaille der Rue du Bac ist wohl das geläufigste Abbild der Gottesmutter. Die heilige Katharina Laboure ließ sie nach ihrer dritten Marienerscheinung auf persönlichen Wunsch der Gottesmutter prägen. Die ovale Medaille zeigt Maria mit ausgebreiteten Armen und einem wehenden Umhang. Licht strahlt aus ihren Fingern, an denen sie Katharina zufolge kostbare Edelsteine trug.

„Die Strahlen sind das Sinnbild der Gnade, die ich über jene ausgieße, die mich darum bitten", so Maria. Auf der Rückseite der Medaille wird ein M von einem Kreuz durchwachsen. Darunter findet man zwei brennende Herzen, das Herz Jesu und das Herz Mariens. Eines wird von einem Dolch durchbohrt, das andere wird von einer Dornenkrone durchlöchert. Rundherum bilden zwölf Sterne einen Kreis. Die Beschreibung der Herzen klingt makaberer, als sie sind. Gewiss, ich könnte damit auch das Tattoo eines Grufties beschrieben haben. In Wirklichkeit ist die Medaille aber wunderschön und gar nicht erschreckend, sonst wäre das Abbild ja mit Sicherheit nicht zur Medaille aller Medaillen geworden. Ja, diese Medaille hat Kultstatus.

Längst wird sie nicht mehr nur von braven Kommunionkindern und gläubigen Hausfrauen getragen. Diese Medaille ist ein Schmuckstück, welches sich sehr gut verkauft. Ein renommierter Schmuckdesigner aus München hat diese Medaille zu seinem Markenzeichen gemacht. Einer der Verkaufsschlager ist die in Platin oder Gold gefasste Medaille, umrahmt von kleinen Diamanten. Dieses sehr teure Stück wird gewiss öfter von verwöhnten Society-Damen als von Gottesdienstbesucherinnen getragen.

Nichtsdestotrotz bestätigt dieser Trend die Ausstrahlung der Medaille. Sonst hätte die Designerin ja auch das Abbild von Angela Merkel in Gold fassen können. Zugegeben eine etwas seltsame Vorstellung.

Spaß bei Seite, die Medaille ist natürlich viel mehr als nur ein Schmuckstück. „Jeder Jugendliche soll eine der wunderbaren Medaillen tragen", meinte auch Mutter Teresa. Trotzdem erfreut sie mich auch als Schmuckstück. Ich trage immer mindestens eine Medaille, aber meistens mehrere (nach dem Motto: Doppelt gemoppelt hält besser). Um genau zu sein, sind es heute drei. Eine am Finger (der besagte Ring, eine Leihgabe meiner Mutter). Eine am Arm, ein wunderschönes Mitbringsel aus dem Libanon (die Medaille ist übrigens ein globaler Trend). Zuletzt und ganz klassisch, eine um den Hals.

Ich fühle mich von meinen Medaillen sehr gut beschützt. Die Gottesmutter ist eine meiner Lieblingspersonen im Himmel. Im amerikanischen Jugendjargon würde man sagen, sie ist ein echter Homie. Immerhin rufe ich sie sowohl morgens als auch abends an. Außerdem lade ich sie jeden Tag ein, in meinem Herzen Platz zu nehmen und mich zu leiten. So ein enges Verhältnis habe ich sonst mit niemandem.

Vor allem in schwierigen Zeiten kann man sich auf Maria wirklich verlassen. „Alle, die sie tragen, werden große Gnaden erlangen. Überreich werden die Gnaden für jene sein, die sie mit Vertrauen tragen", versprach die Gottesmutter der heiligen Katharina bei ihrer Erscheinung. Dieses Versprechen stärkt mich in meiner Überzeugung, die Medaille zu tragen. Sie ist eben wirklich wunderbar, sie beschützt mich, bestärkt mich im Glauben und ist außerdem noch hübsch anzusehen – die perfekte Begleitung eben.

VOM PILGERN.
UND WELCHER PILGERTYP SIND SIE?

*D*er Monat Mai ist der Marienmonat und somit auch der ideale Zeitpunkt zum Pilgern. Der Pilgerfantasie sind kaum Grenzen gesetzt. Es gibt nämlich für jeden Pilgertypen den geeigneten Pilgerweg. Wie etwa den Selbsttest in einem seichten Frauenmagazin könnte es auch den „Pilgertyp-Test" geben. Der Abenteurer würde dann für einige Wochen verschwinden und Hunderte von Kilometern nach Santiago de Compostella wandern. Der Fürsorgliche würde mit einem Zug voll Schwerbehinderter nach Lourdes reisen. Der Schüchterne würde eher einen Tagesausflug an einen der vielen schönen Wallfahrtsorte in Bayern machen.

Wallfahrten ist eine Art Wellness für Körper und Geist. Es ermöglicht einem, sich etwas genauer mit seinem Glauben zu beschäftigen. So wie ein Urlaub einem eine körperliche Erholung beschert, indem er Distanz zum Alltag schafft, öffnet einem die Wallfahrt ein Tor zu sich selbst. Außerdem sind Wallfahrtsorte meistens sehr schön, das Essen ist manchmal gut und womöglich stimmt auch noch der Wein. Eben eine Wohltat – für Körper und Seele.

Wenn ich an Wallfahrten denke, denke ich immer an marianische Wallfahrtsorte, an Altötting zum Beispiel.

Auf den ersten Blick kommt es einem fast wie eine Ironie vor, dass die zierliche Kapelle auf dem weitläufigen Kapellplatz das Ziel der vielen Pilger ist, die sich hier wie Ameisen tummeln. Trotzdem verrät bereits der achteckige Turm der Kapelle, dass sie etwas ganz besonderes ist – ja sogar „der älteste Zentralbau Deutschlands", wie uns die Altöttinger Webseite verrät. Ganz gewiss ist das aber nicht der Grund für den Ansturm. Die Kapelle ist ganz und gar ausgekleidet mit Votivtafeln aus mehreren Jahrhunderten. Aus Dankbarkeit stifteten sie Genesene oder Gerettete für die Kapelle. Manche Bilder zeigen erschreckende Motive, wie etwa einen kleinen Jungen, der von einem Traktor überfahren wird. Darunter versichert einem ein kurzer Text, dass es dem Jungen trotz des Unfalls gut geht.

Die Kapelle zu umschreiten, ist ergreifend. Die gespendeten Tafeln bezeugen den tiefen Glauben und das Gottvertrauen der vorangegangenen Pilger. Er legt sich wie eine wärmende Kuppel über die Kapelle. Im kleinen Innenraum scharen sich die Menschen um den ganz in Silber gehaltenen Altar aus dem siebzehnten Jahrhundert. Der wahre Schatz aber ist eine aus Lindenholz geschnitzte Statue. Eine stehende Gottesmutter, die ihren Sohn im

Arm hält. Dieses frühgotische Gnadenbild wurde der Kapelle im fünfzehnten Jahrhundert nach Berichten über zwei Wunderheilungen geschenkt. Dort residiert sie nun, die schöne Dame, und lockt jedes Jahr viele, viele Menschen dorthin.

Ein weniger bekannter, aber genauso schöner bayerischer Wallfahrtsort ist Maria Vesperbild. Jedes Jahr pilgert über eine halbe Million Menschen an den kleinen Ort, in dem aus Dankbarkeit für das Ende des Dreißigjährigen Krieges erstmals eine Feldkapelle errichtete wurde. Über dem Hochaltar thront ein im sechzehnten Jahrhundert entstandenes Schnitzwerk. Es ist eine besonders rührende Darstellung Marias in ihrer wohl schwersten Stunde, nach der Kreuzigung ihres Sohnes. Sie hält den gepeinigten und schlaffen Leib im Arm, ihr Ausdruck ist voll Trauer. Vielleicht ist gerade dieses Gnadenbild einer der Gründe für die Ausstrahlung dieses kleinen Wallfahrtsortes. Es zeigt eine leidende Maria. Eine Maria, der wir unsere Sorgen getrost in den Schoß legen können. Eine Maria, die auch großes Leid erfahren musste. Die tiefste Anteilnahme ist wohl die, die ein Trauernder dem anderen Trauernden geben kann. Daher ist diese Anteilnahme auch die bekömmlichste Schmerzlinderung.

Ein anderer Pluspunkt für Maria Vesperbild ist übrigens die Sonntagspredigt von Monsignore Imkamp, dem Wahlfahrtsdirektor und Priester vor Ort. Schon allein um ihn zu hören, lohnt sich die Pilgerreise.

In dem nahe liegenden Wäldchen führt ein Kreuzweg den Pilger zu einer Fatima-Grotte. Dort steht die Gottesmutter umrahmt von riesigen Kerzen. Ähnlich wie in Altötting hängen auch hier unzählige Votivtafeln, gespendet von dankbaren Pilgern. Das gedämpfte Licht der Kerzen, die leuchtende Maria, die vielen andächtigen Gesichter der Pilger und ihre ergreifenden Geschichten lassen die Buchenlichtung mystisch erscheinen. Ein ergreifendes Gefühl von Geborgenheit breitet sich wie eine kuschelige Decke über uns alle aus. Für mich ist genau dieses Gefühl eines der Geschenke einer gelungenen Wahlfahrt.

Sowohl Altötting als auch Maria Vesperbild sind Orte, an die man gerne zurückkehrt. Man könnte sogar sagen, dass Wallfahrten süchtig macht. Ich selbst wallfahre seit einiger Zeit jährlich nach Lourdes. Ich möchte diese Woche um nichts in der Welt missen. Beim Pilgern ist die Reise das Ziel. Ich finde, das ist eine schöne Metapher für das ganze Leben. Es hilft mir, wachsamer zu leben, im Hier und Jetzt, und nicht über das Gestern zu grübeln oder vom Morgen zu träumen. Innehalten, aufhorchen und mich ein Stückchen mehr dem Willen Gottes öffnen. Deshalb ist selbst die anstrengendste Wallfahrt der ultimative Wellnesstipp.

LOURDES –
ORT DER GEGENSÄTZE

*E*inmal im Jahr reise ich zusammen mit anderen jungen Leuten unter der Schirmherrschaft des Malteserordens im Zug nach Lourdes. Wir begleiten auf dieser Pilgerfahrt eine Gruppe schwer behinderter Kinder. Trotz der äußerst beschwerlichen Woche herrscht eine harmonische, ja fast übermütig gute Stimmung unter uns. Jedes Jahr verlasse ich Lourdes erstaunlicherweise gestärkt und irgendwie sogar erfrischt. Besteht womöglich das, was unseren Körper und unsere Seele heilt, darin, sich nicht ständig um das eigene Wohlergehen zu sorgen, sondern zur Abwechslung einmal von sich abzusehen – und sich anderen zuzuwenden?

Der Höhepunkt der Reise ist das Bad in dem wundersamen Wasser. Auch das Gebet an der Grotte ist ein wichtiger Bestandteil unserer Reise. Immerhin erschien die Muttergottes der heiligen Bernadette im Jahre 1856 an dieser besagten Grotte. Die vierzehnjährige Bernadette Soubirous war mit ihrer Schwester am Ufer der Garve de Pau Feuerholz sammeln, als es geschah. Achtzehn Mal erschien ihr die in Weiß gekleidete Dame und bat sie, im Schlamm nach Wasser zu buddeln. Daraus entsprang die Quelle, in der nun jährlich viele Millionen Menschen baden. Viele von ihnen sind sehr krank und erhoffen sich Heilung durch ein Wunder auf Fürsprache der Gottesmutter. Manche kommen, um zu danken, andere, um für einen geliebten Angehörigen zu beten. Es ist ein ergreifendes Erlebnis, in den Bädern (piscine) zu arbeiten. Das tiefe Gottvertrauen und die Hoffnung, die viele der Menschen mitbringen, bewegen mich jedes Mal aufs Neue. Es ist, als ob der mitreißende Glaube der Kranken über mich schwappt wie das Wasser während des schnellen Badens.

Die Zugreise startet in Ulm, dort nehmen wir die Kinder entgegen. Wir warten gespannt am Parkplatz und beobachten, wie sie aus Bussen entladen werden. Das ist erst einmal ziemlich ernüchternd. Viele der Kinder sind schwer behindert, manche können nicht einmal aufrecht sitzen. Sie werden in speziell angefertigten Rollstühlen herangekarrt. Manche Kinder tragen Schienen aus Metall an ihren Beinchen. Wieder andere sitzen aufgeregt und in steife Korsetts geschnürt in ihrem fahrbaren Untersatz. Manche Kinder haben sich vor Anspannung in die Hose gemacht. In der Luft hängt ein Dunst von Urin und Schweiß. Jeder von uns bekommt ein Kind zugewiesen, für dessen Wohlbefinden und Pflege er nun verantwortlich ist.

Nachdem der erste Schock überwunden ist, sind die Kranken nur mehr unsere Kinder. Dafür ist größtenteils die mehr als zwanzigstündige Zugfahrt verantwortlich. Obwohl wir schwitzen, schlecht schlafen und die Pflege der Kinder hoch kompliziert zu sein scheint, baut sich die Hemmschwelle langsam ab. Die Kinder lachen und toben. Wir lesen ihnen vor, malen oder hören Bibi Blocksberg. Ehe wir uns versehen, haben sie uns schon um ihren kleinen Finger gewickelt.

Das Programm in Lourdes ist nicht weniger herausfordernd. Um 5 Uhr früh geht es mit einer Frühmesse los, dann werden die Kinder geweckt, gepflegt und gefüttert, gefolgt von einer Kindermesse und Spielen. Der Nachmittag ist vollgepackt mit Lichter- und Sakramentsprozessionen.

Wenn irgendwo zwischen dem spirituellen Marathon etwas Zeit bleibt, spaziere ich am liebsten mit dem mir anvertrauten Kind durch das Städtchen. Am Rande des heiligen Bezirks säumen mit religiösem Kitsch bepackte Läden die Straßen. Ich fühle mich wie im Disney-Land für Christen. Die Verkäufer machen vor nichts halt: Sie verscherbeln neonfarbene Muttergottes-Statuen, Rosenkränze in allen Schattierungen und Größen, Poster, Fächer, sogar Handtücher oder Geschirr mit Marias Abbild. Die Heilige Familie wird hier als Popstar vermarktet. Ähnlich wie MacDonalds den Hunger nach Fast Food stillt, sättigt Lourdes den Appetit auf heiligen Kitsch. Ich muss kämpfen, um mir einen Weg durch das Gedränge zu bahnen. Ein Rollstuhl an der Hand ist hier so wertvoll wie ein „All Access Pass" bei einem Rock-Konzert. Die Kranken sind hier die VIP's.

Aber nur ein paar hundert Meter weiter begegne ich einem ganz anderen Lourdes. An der Grotte herrscht Stille. Eine mystische Stimmung. Kniend beten Frauen vor der Grotte. Das Einzige, was man hört, ist das sich stets wiederholende Summen von Ave Marias, eines nach dem anderen, voller Andacht. Lourdes ist ein Ort, an dem die Zeit stehen bleibt. Ein Ort voll von Gegensätzen, ein Ort, an dem ich meine eigenen Sorgen völlig vergesse und die Hektik und Aufreibung des Lebens verschwindet. Wenn ich abends todmüde in mein unbequemes Bett falle, bin ich seltsamerweise ganz und gar glücklich.

Die deutsche Sektion der Hospitalité Notre Dame de Lourdes (www.hospitalite.de) ist für jeden freiwilligen Helfer dankbar.

Mehr Weihrauch!

Gerüche sind faszinierend: unsichtbar und allgegenwärtig zugleich. Sie können Ekstase, aber auch Ekel in uns hervorrufen. Sagen wir zu jemandem, dass wir ihn nicht riechen können, hat diese Person ein Problem: Wie soll sie ihren Geruch loswerden? Gerüche ziehen uns an und stoßen uns ab. Dazu rufen sie Erinnerungen in uns wach: Brennende Kohle erinnert mich an Grillabende im Sommer. Mit dem Weihrauch geht es mir ähnlich.

Es ist nicht so, als ob da eine bestimmte Erinnerung wäre, die abläuft wie ein Film, wenn ich Weihrauch rieche. Eher ist es eine Stimmung, die in mir aufsteigt und mich mit Wärme erfüllt. Eine sehr schöne Stimmung, die einen manchmal auch retten kann: Einmal war ich bei einer heiligen Messe in Südindien. Es war so heiß und voll in der Kirche, dass ich fast ohnmächtig geworden wäre, doch der Nebel des Weihrauchs kühlte alles ein wenig runter.

Als Kind hatte ich eine Freundin, der bei Weihrauch immer schlecht wurde. Meine Mutter mochte diese Freundin nicht. Sie meinte, das sei ein schlechtes Zeichen: Nur bösen Menschen würde von Weihrauch schlecht. Vielleicht ein bisschen übertrieben, aber die Freundschaft hielt trotzdem nicht besonders lang.

Heutzutage wird Weihrauch in Form von Räucherstäbchen fast öfter in Jugendzimmern entzündet als in vielen Kirchen. Ich finde das schade. Ich meine, wir brauchen wieder mehr Weihrauch. Ganz einfach, weil es so ein wunderschönes Ritual ist.

Nachdem der römische Kaiser Konstantin die Christen befreit hatte, durften sie nun öffentlich ihren Glauben feiern. Vorher hatten sie im Geheimen geräuchert, wie vor ihnen die Juden, von der sie diese Tradition übernommen hatten. Im jüdischen Tempel befand sich ein Opferaltar, an dem morgens und abends Räucherstäbchen angezündet wurden. Es duftete herrlich und war ein Symbol für die Reichtümer der Erde. Dazu hatte es auch eine hygienische Wirkung. Der Weihrauch überdeckte Schweiß oder den Gestank der geopferten Tierkadaver. Schon die ägyptischen Pharaonen parfümierten ihre Häuser, indem sie Gewürze verbrannten, und nutzten den Weihrauch auch zur Mumifizierung ihrer Toten. Die Harzperlen des Weihrauchs nannten sie „den Schweiß der Götter".

In der katholischen Messe ehrt der Weihrauch den Altar, das Kreuz, den Priester, die Gläubigen, das Evangelium, das Brot und den Wein vor der Wandlung. Gott in all seinen Existenzformen also – vor wie auch nach der

Fleisch- und Blutwerdung. Das ist ja das Tolle an den Katholiken: Dass sie in einer immer säkularer werdenden Welt das Feierliche nicht vergessen. Wenn man irgendwo eingeladen ist, bringt man ja auch ein Geschenk mit oder zieht sich etwas Hübsches an, damit der Gastgeber sich freut. Vor allem aber, so denke ich mir oft, wenn ich den aufsteigenden Rauch betrachte, steht dieser alte Brauch für das Schönste, was der Gläubige Gott schicken kann: das Gebet.

Deshalb sollten wir an dieser schönen Tradition festhalten. Also nicht weniger, sondern bitte mehr Weihrauch. Genauso wie das Grillen im Sommer oder das Plätzchenbacken im Advent ihren unverkennbaren Duft haben, ist das Aroma der katholischen Kirche eben der Weihrauch. Ja, Glaube, Liebe und Hoffnung haben einen süßen Duft: Weihrauch.

SAUBER UND GEFAHRLOS: DIE MUNDKOMMUNION

Neulich war ich in einer Sonntagsmesse, die mehr einem Jahrmarkt ähnelte als einem Gottesdienst. Laut ging es zu. Der Altarraum war vollgestopft mit bunt gekleideten Kindern, die Händchen haltend einen Kreis um den Altar bildeten. Die Kommunion wurde ausgeteilt. Brav streckten die Kinder ihre Händchen nach vorn, so als bekämen sie Freikarten für das Kettenkarussell. Sie hielten dann die Kommunion einige Minuten in ihren schwitzenden Händen, bevor alle anderen Mitwirkenden endlich auch bedient waren. Eines der Kinder musste husten und hielt sich dabei die die Hostie umschließende Hand vor den Mund. Ein anderes bohrte in der Nase. Endlich erlaubte es die Choreografie, und alle aßen die Kommunion gemeinsam.

Mir kommen meine Hände – außer sie sind frisch gewaschen – immer unsauber vor. Daher erscheint es mir unbegreiflich, den Leib Christi in meine ungewaschenen Hände gelegt zu bekommen. Es mag wohl an meinem hygienischen Bewusstsein liegen, aber ist nicht die Hand ein großer Bakterienherd? Von der geweihten Priesterhand direkt in meinen Mund erscheint mir würdiger, zumal damit der Gefahr vorgebeugt wird, dass Hostienpartikel an meiner verschwitzten Innenhand kleben bleiben könnten. Womöglich würde ich später meine Hand samt Hostienstückchen an meiner Jeans oder im Fell meines Hundes abstreifen.

So ein Szenario sollte unter allen Umständen ausgeschlossen sein. Immerhin glauben wir Katholiken ja wirklich an die Präsenz Christi in der Hostie. Außerdem lauert auch die Gefahr von Hostienmissbrauch. Während der Kommunion ist es für den Priester viel weniger überschaubar, was wir mit der Hostie machen, wenn wir sie nicht direkt mit dem Mund empfangen. Sehr einfach kann man mit der Hostie in der Hand dann hinausspazieren. Meine Mutter wurde einmal Zeugin eines solchen Falles und griff zuvor ein. Der Priester hatte noch nicht einmal bemerkt, dass sich der Empfänger die Hostie in die Hosentasche gestopft hat.

In den Anfängen der Kirche war zwar die Handkommunion noch gang und gäbe, aber mit dem wachsenden Wissen um die Bedeutung der Präsenz Christi ab der Wandlung wurde bald nur mehr mit dem Mund kommuniziert. Erst mit der Reformation im sechzehnten Jahrhundert wurde diese Tradition wieder infrage gestellt. Verschiedene protestantische Denominationen bestreiten ja die Verwandlung von Brot und Wein in Fleisch und Blut. Diese Zweifel färbten sicherlich auch auf viele Katholiken ab. Aber erst viel später, mit dem Zweiten Vatikanischen Konzil, wurde es tatsächlich erlaubt, die Kommunion mit der Hand zu empfangen.

Da lobe ich mir meine traditionsbewusste Gemeinde in London. In dem wunderschönen Brompton Oratory zwingt einen bereits die Architektur in die Knie. Wenn man sich dem Priester nähert, um die Kommunion zu empfangen, kommt man bis zu einer Stufe unterhalb des geschlossenen Altergitters. Das Gitter ist bedeckt von einem weißen Leinentuch. Es ist sehr feierlich, nebeneinander zu knien und zu warten, bis man selbst an die Reihe kommt.

Hartnäckige versuchen trotzdem, ihre Hände auszustrecken, aber das kleine silberne Tablett, welches der Ministrant einem unters Kinn schiebt, macht es einem doch recht schwer, die Kommunion anders als direkt mit dem Mund zu empfangen. Manchmal bemerke ich die leichte Irritation im Blick des Priesters, wenn man sich seiner Geste widersetzt.

Wenn ich mir über die Fleischwerdung Christi in der Hostie ganz bewusst werde, so dürfte mir auch die

Mundkommunion keine Schwierigkeiten bereiten. Alles andere erscheint mir unnatürlich, so als ob jemand seine Wohnung anstatt durch die Haustüre immer durch das Fenster verlässt.

Von der inneren Ruhe bei der stillen Anbetung

*E*ine der wohl größten Herausforderungen ist es, mit der Stille fertig zu werden: kein Handy, kein Internet und kein iPod. Einfach die Ruhe auf sich wirken lassen; sich in einem Meer des Schweigens für das Wort Gottes öffnen. Nur in der Stille kann ich wirklich beten und versuche so, mich ausschließlich auf meine Worte zu konzentrieren, ohne dabei von der Musik oder dem Geschnatter anderer abgelenkt zu werden. Es scheint mir, als hätten wir es völlig verlernt, uns wirklich nur mit uns selbst zu beschäftigen. Der ganze Tag und jede freie Minute ist voll von Programm. Überall, wo man hinkommt, herrscht neben dem menschlichen Lärm zusätzlich noch künstlicher Lärm. Im Restaurant läuft entweder Musik oder der Fernseher. Auf der Straße hört man das Hupen der vorbeifahrenden Autos oder das Brummen eines Presslufthammers an einer Baustelle. Auch zuhause produzieren wir den Lärm. Ich kenne viele Leute, bei denen immer der Fernseher oder Musik läuft, bei manchen sogar beides gleichzeitig.

Ist die Stille für uns ein unerträglicher Lärm geworden?

Gott schenkt uns durch das Sakrament der Kommunion die Stärkung, die wir im Alltag dringend brauchen.

Wir können uns ihm aber auch anders nähern und uns durch die Anbetung des Sakraments geistig füttern. Er lädt uns ein, sich durch seine Anwesenheit zu stärken. Wir können vor ihm knien und unsere Sorgen und Ängste in seinen Schoß legen oder ihm ganz einfach danken. Ich liebe es, während der Anbetung nicht abgelenkt zu werden. In der Stille kann ich mich wirklich auf mein Gebet konzentrieren und mich dadurch sammeln. Aber was bedeutet es eigentlich, mich zu sammeln?

Für mich bedeutet Sammlung, meine Gedanken bestmöglich auf das Gebet zu konzentrieren und mein Innerstes dadurch für die Gnaden zu öffnen. Denn zweifellos beschenkt mich die Anbetung reichlich mit den Gnaden der Kraft und des Vertrauens.

In den meisten Kirchen ist die Anbetung des Sakraments längst nicht mehr Teil des Kirchenalltags. Dabei ist das Sakrament doch der direkteste Weg zu Gott. Im Sakrament tritt er unter uns. Die Anbetung ist außerdem eine ideale Gelegenheit, sich in der Stille zu üben. Es fällt auch mir sehr schwer, mich während der Anbetung auf mein Gebet zu konzentrieren. Denn gerade ohne den vertrauten ablenkenden Lärm fällt mir die Sammlung unheimlich schwer.

Neulich war ich bei einer Anbetung hier in London. Die kleine Kapelle war nur durch Kerzenschein beleuchtet, am Altar thronte das Allerheiligste. Es herrschte eine andächtige Stimmung, die mich sofort beruhigte. Schweigend kniete ich mich zu den anderen Betenden dazu. Anfangs betete ich meine üblichen Gebete. Danach betete ich für meine persönlichen Angelegenheiten, für meine Freunde und Verwandte, für die Kranken und Armen dieser Welt und schließlich auch für die Verstorbenen. Bald darauf war ich fertig und wurde unruhig. Mir fiel es schwer, weiterhin in Stille vor dem Sakrament zu knien. Ich schaute mich um, ob es wohl den anderen ähnlich erging. Viele wirkten so, als seien sie mit dem kollektiven Schweigen durchaus vertraut. Da wurde mir zum ersten Mal die Bedeutung der Stille wirklich bewusst. Anders als bei einer üblichen Messe bestimmt nicht die Liturgie, sondern man selbst den Ablauf. Es ist auf diese Weise mein ganz persönliches Treffen mit Gott. Nur durch die Ruhe und durch mein Gebet kann ich mich auf diese Treffen vorbereiten.

Ich bin es wie die meisten von uns so sehr gewöhnt, beschallt zu werden, dass mich die Ruhe unruhig macht. Obwohl meine Gedanken immer wieder Reißaus nahmen, konnte ich sie doch einfangen, an den Altar und damit zu mir selbst zurückführen. Während der Anbetung wurde die Stille einige Mal durch Gesang und gemeinsame Gebete unterbrochen. Der Priester predigte anschließend über die Bedeutung des Kreuzzeichens. Hauptteil blieb aber die stille Reflektion. Die Predigt sollte einen lediglich zur eigenen Meditation anregen.

Die Stunde vor dem Allerheiligsten füllte mich mit einer inneren Ruhe. Meine Nervosität und der Stress des Tages waren wie weggeblasen und ich fühlte mich für kurze Zeit völlig anwesend. Natürlich holte mich der Alltag bald wieder ein. Ich begann über mein Abendprogramm nachzudenken und was ich morgen noch alles erledigen muss. Mir ist aber durch diese Erfahrung die Bedeutung der stillen Anbetung für meine eigene geistige Reife klar geworden. Ich kann jedem, der nach etwas mehr Besinnung und Einklang strebt, die stille Anbetung nur wärmstens empfehlen.

Vom Lauschen klassischer Chöre

*F*ür mich gibt es sonntags nichts Schöneres, als einem guten Kirchenchor zu lauschen. Mit gut meine ich einen klassischen Chor und Musik, die einen durch ihre Fülle berührt, wie etwa ein schönes Mozart-Requiem bei einer Beerdigung oder den warmen Klang von lateinischem Gemurmel während der Wandlung. Beides ergreift einen, ohne einen dabei zu vereinnahmen. Die Musik fördert sozusagen eine innere Ruhe, die ich zum Beten brauche. Es fällt mir leichter, mich zu sammeln, und so kann ich intensiver beten.

In der Sonntagsmesse im Brompton Oratory in London kann ich regelrecht in Musik baden. Natürlich bleibt die Musik trotzdem nur Rahmenprogramm. Hauptattraktion ist die Liturgie – aber bereichert von Musik aus der Spätrenaissance und dem frühen Barock. Komponisten wie Palestrina, Victoria, Orlando di Lasso oder Claudio Monteverdi verwandeln meinen Messbesuch in ein kulturelles Ereignis. Anstatt mürrisch nur meiner Sonntagspflicht nachzugehen, freue ich mich auf die Messe wie auf ein köstliches Stück Kuchen.

Natürlich ist das Brompton Oratory etwas Besonderes. Gegründet vom heiligen Philipp Neri, einem großen

Liebhaber der Polyfonie des sechzehnten Jahrhunderts, legt man hier noch viel Wert auf Tradition. Jeder, der schon einmal eine Messe dort erlebt hat, wird bestätigen können, wie schön diese Tradition tatsächlich ist. Mir ist sogar zu Ohren gekommen, dass einige Leute nach dem Lauschen dieser Klänge konvertierten. Philipp Neri verstand es eben, Menschen durch wunderschöne Musik in die Kirche zu locken und ihre Seelen dadurch für Gott zu gewinnen.

Das Beten als das Erheben des Herzens zu Gott erscheint mir in einer von Weihrauch erfüllten, festlich geschmückten Kirche etwas leichter zu sein. Beim Durchschreiten der Tür riecht, hört und sieht man, dass man an einem heiligen Ort ist. Selbst mit zugebundenen Augen wüsste ich genau Bescheid. Eine katholische Messe ist eben nicht nur ein Ereignis für den Geist, sondern auch für den Körper. Unser Glaube hat der Sinnlichkeit schon immer einen wichtigen Platz eingeräumt. Immerhin wurden zahllose Partituren bedeutender Komponisten als Messen geschrieben. Am Ostersonntag einem Orchester bei Musik von Mozart oder Haydn zu lauschen, ist eine ganz andere Erfahrung, als dieselbe Musik in einem neutralen Konzertsaal zu hören.

Heutzutage ähneln viele moderne Kirchen eher Bahnhöfen. Es scheint, als wolle man systematisch die unverwechselbaren Charaktere einer Kirche vernichten. Das Kreuz am Altar fehlt. Statt des ätherischen Weihrauchduftes hängt das süßliche Aftershave des Priesters in der Luft. Anstelle edler Messgewänder trägt der Priester nur mehr eine Batik-Stola. Statt eines meditativen Konzerts kreischt ein junges Mädchen im kurzen Jeans-Rock ins Mikrofon. Durchaus sind viele dieser Lieder sehr gängig, sie gehen ins Ohr und es fällt mir oft schwer, nicht mitzusummen. Dabei gehen mir aber die Würde und Besinnlichkeit, die ich in der Messe suche, verloren. Es widerstrebt auch meinem ästhetischen Sinn, von einem langhaarigen Gitarristen begleitete Erwachsene beim Grölen von „Laudato si Signore" zuzusehen. Ich finde, alles hat seinen Platz. Die heilige Messe heißt nicht umsonst heilige Messe. Es ist ein Ort, an dem ich zur Ruhe kommen möchte. Ein Ort, an dem schließlich in der Wandlung Gott unter uns tritt. Mir missfällt deshalb auch alles, was zu sehr davon ablenkt.

Ich möchte wirklich nicht wie eine Oma klingen. Ich höre zu Hause oder beim Ausgehen am liebsten elektronische Musik oder Rock, aber in der Kirche finde ich zeitgenössisches Geplänkel unpassend. Bei Kindermessen oder bei der Pilgerreise mit Behinderten nach Lourdes gefallen mir manche Lieder durchaus. Gängige Melodien und einfache Texte sind ja dort von Vorteil. Leider unterschätzen viele Priester uns jüngere Menschen. Wenn man sonntags ins Brompton Oratory geht, findet man eine erstaunlich hohe Anzahl von jungen, gut gekleideten Leuten. Das Traditionelle scheint also nicht nur mir besser zu gefallen.

Wer den Besuch des Papstes in den Vereinigten Staaten im Fernsehen verfolgt hat, erlebte ein gutes Beispiel von modernem Katzenjammer. Ein internationales Potpourri von Ohrquälereien kam da zur Aufführung. Das schmerzverzerrte Gesicht des Papstes war unverkennbar. Jeden, der etwas musikalisches Gespür hat, muss es wohl verwundert haben, dass er den Lärm überhaupt durchgestanden hat. Ob sich die Afrikaner nur beteiligt fühlen, wenn sie Bongotrommeln hören? Es geht leider oft in die Hose, wenn man krampfhaft versucht, für jeden Geschmack etwas zu bieten. Dann bleibt nämlich plötzlich für keinen Geschmack mehr etwas übrig. Deshalb plädiere ich für mehr Tradition, zumindest in der Kirchenmusik!

Vom Latein in der Kirche für jemanden, der kein Latein versteht

*J*eder, der schon einmal ins Ausland gereist ist, hat eine Messe in einer ihm unverständlichen Sprache erleben können. Auf der einen Seite kann es sehr amüsant sein, statt der vertrauten Gebete einen Brei von Kauderwelsch zu vernehmen. Auf der anderen Seite kann es einem auch ziemlich auf die Nerven gehen, während der heiligen Messe nur Bahnhof zu verstehen. Beide dieser Emotionen sind mir bekannt. Allerdings überwiegt bei mir meistens doch eher die Genervtheit. Natürlich kann ich in meiner eigenen Sprache trotzdem mitbeten. Gewappnet mit dem „Magnificat", einem Brevier mit Messtexten, lese und bete ich leise mit. Leider vermisse ich dabei aber die Kraft des gemeinsamen Gebets. Ich fühle mich ausgegrenzt. Im Übrigen lenkt mich das Geschnatter der anderen ab. Ich bete zwar mit, aber in Gedanken versuche ich, die Fremdsprache auseinanderzufieseln.

Während einer lateinischen Messe verstehe ich zwar auch sehr wenig, aber die Gebete und der Ablauf sind mir etwas vertrauter. Außerdem hilft mir auch hier wieder ein Gebetbuch weiter. Der Kanon taucht die Kirche in ein Meer von Stille. Statt ausgegrenzt fühle ich mich durch die gemeinsame Stille irgendwie integriert und beteiligt.

Ich liebe den präzisen Ablauf und die detaillierten Gebete einer tridentinischen Messe. Kurz bevor wir die heilige Kommunion empfangen, wird das „Dómine, non sum dignus" sogar drei Mal gebetet: „Herr, ich bin nicht würdig, dass du eingehst unter mein Dach; aber sprich nur ein Wort, so wird meine Seele gesund." Dieser Satz bereitet die Gemeinde auf den Empfang des Leibes Christi vor. Der Satz ist auch deshalb so wichtig, weil er den Kern unseres Glaubens beinhaltet. Gott tritt unter uns Sünder und schenkt sich uns in jeder heiligen Messe aufs Neue.

Nach dem Schlusssegen liest der Priester den Beginn des Johannesevangeliums. „Am Anfang war das Wort und das Wort war mit Gott und das Wort war Gott." Dieser Satz führt uns an den Ursprung unseres Glaubens zurück. Mit dem Wort ist der Sohn Gottes gemeint. Christus ist das Wort, das für uns Fleisch geworden ist. Er ist der Ursprung allen Lebens, das Licht in der Finsternis und die unendliche Liebe. Der Satz bestätigt, dass wir von Gott geschaffen wurden, weil Gott am Anfang steht. In wenigen Paragrafen wird hier erklärt, dass Christus unsere einzige Rettung ist. Die tridentinische Messe erscheint mir, bereichert durch diese Gebete, festlicher zu sein. Sie ist aber trotz der vielen Gebete nicht länger als eine gewöhnliche Messe, eher kürzer. Auch das ist natürlich ein Vorteil.

Zugegebenermaßen ist die lateinische Messe etwas gewöhnungsbedürftig. Anfangs konnte ich sehr wenig damit anfangen. Mir fiel es schwer, mitzubeten und dem Ritual zu folgen. Inzwischen aber genieße ich die Messe sogar. Die Priester sind festlich gekleidet. Ihr mit Brokat verziertes Messgewand über der mit Spitzen bedeckten Albe wird von einem Ministranten während der Wandlung etwas in die Höhe gehalten. Jede Menge Weihrauch wird geschwenkt und man hat in der Stille wirklich Zeit, in sich zu gehen und sich zu sammeln.

Der größte Vorteil einer tridentinischen Messe ist aber ihre Universalität. Im Zeitalter der Globalisierung verschwimmen die ländertypischen Unterschiede mehr und mehr. Statt die verschiedenen Kaffee-Kulturen zu genießen, wählen wir überall nur mehr Starbucks. Statt durch kleine Boutiquen zu stöbern, besuchen wir H&M. Inzwischen sehen die meisten Einkaufsstraßen der westlichen Welt gleich aus. Alles das finde ich schade! Bei der heiligen Messe hingegen würde ich mehr Universalität sehr begrüßen. Es wäre toll, in Ghana eine Messe zu besuchen und sie genauso mitverfolgen zu können wie in London.

Latein ist für jeden eine Fremdsprache, es hat also niemand einen Heimvorteil. Alle sind gleichberechtigt und jeder weiß, worauf er sich einlässt und was er zu erwarten hat. In einer Welt, die ständig in Bewegung ist, suche ich nach einer Konstante, die mir ein Gefühl von Vertrautheit gibt. Für jemanden, der viel unterwegs ist und die heilige Messe ernst nimmt, ist die lateinische Messe jedes Mal ein Heimkommen.

WENN DIE AUSGEHUNGERTE SEELE RUHE BRAUCHT: DER ADVENT

*F*ür die meisten von uns besteht die Adventszeit aus zwei Dingen: einkaufen und essen. In keinem anderen Monat wird einem der Konsumterror, dem wir uns aussetzen, so deutlich wie im Dezember. Würde ein Marsmensch in der Adventszeit durch ein Kaufhaus wandern, würde er meinen, dass wir Erdlinge zum Leben nicht atmen, sondern kaufen müssen. Die Adventszeit wird für uns zum Wettbewerb gegen die Zeit. Steht dann Weihnachten schließlich vor der Tür, klebt die Familie wie Sardinen aneinander und versucht auf Biegen und Brechen, „gemütlich" zu feiern. Anstelle von Ruhe und Besinnlichkeit bringt jeder neben einer Vielzahl von zwecklosen Geschenken viel Stress mit. Fragte ich mich früher, warum sich die Erwachsenen an Weihnachten immer so stritten, ist es mir inzwischen klar geworden. Ist uns zwischen Adventskränzen und Plätzchenbacken die Essenz der Adventszeit verloren gegangen?

Der Advent ist wohl eine Zeit der Besinnung. Eine Zeit, in der wir uns auf den Geburtstag Christi vorbereiten. Advent heißt übersetzt „das Kommen". Ich muss mich also auf das Kommen Christi vorbereiten. Ich brauche dafür aber Ruhe und Zeit, um mich zu sammeln. Der

Advent ist der ideale Zeitpunkt, um das Jahr einmal Revue passieren zu lassen und sich für das kommende Jahr neue Ziele zu stecken. Ein mentaler Frühjahrsputz hilft mir, mich wieder zu orientieren. Wir werden alle durch die Arbeit und die Freizeit so beansprucht, dass wir gar keine Zeit haben, uns Gedanken über uns selbst und unseren Glauben zu machen. Dabei ist es so wichtig, einmal innezuhalten.

Wenn wir nicht wie aufgeschreckte Gänse durch die Läden wüten, stopfen wir uns bestimmt gerade den hundertsten Spekulatius in den Mund. Ich habe ja per se gar nichts gegen ein bisschen Spekulatius. Zuhause oder bei Freunden gemütlich zu sitzen und Köstlichkeiten zu essen, ist schön. Aber muss einem diese scheinbare Gemütlichkeit denn überall förmlich aufgezwängt werden?

In jeder Parfümerie steht ein Turm von Dominosteinen, jede Bankangestellte belädt einen Teller voller Plätzchen für ihre Kunden. Kommt dann endlich das Weihnachtsfest, hat sich für uns – abgesehen von ein paar Kilo Speck um die Hüften – recht wenig verändert. Wir hingegen glauben, wir hätten, weil wir fleißig gestopft und geshoppt haben, die Adventszeit so richtig ausgekostet. Nach den Weihnachtstagen denken wir nur noch daran, die Extrapfunde herunterzuturnen und die überflüssigen Geschenke umzutauschen. Schade, dass wieder einmal ein so bedeutendes Hochfest im Lebkuchen- und Glühweinrausch untergegangen ist.

Wir leben in einem visuellen Zeitalter. Durch die Medien und das Internet werden wir bombardiert mit Bildern und Geschichten. Viele dieser Bilder sind erschreckend und anstößig, wie Soldaten im Krieg härten sie uns ab. Unsere Seele zieht sich immer mehr zurück in ihr Schneckenhaus. Viel zu wenig Zeit bleibt uns, um unsere Erlebnisse zu verarbeiten. Keine Zeit für Gebet und Meditation, reden wir uns ein. Keine Zeit, uns für Gottes Willen zu öffnen und uns damit aus der Gefangenschaft der Selbstsucht zu befreien. Der Advent ist genau der richtige Moment im Jahr, um seiner Seele einmal etwas zu schenken. Im Gegensatz zum Lebkuchen ist die innere Sammlung ein anhaltender Leckerbissen.

Ein Weilchen vor meiner Zeit wurde der Advent – ähnlich wie die Fastenzeit – als eine Zeit der Reflexion und des Verzichts gesehen. Die Völlerei endete nach der Gans zu Ehren von Sankt Martin. Danach hieß es: durchhalten bis Heiligabend. Ich stelle mir vor, dass man sich so – wie vor Ostern – viel mehr auf das Weihnachtsfest freute. Außerdem lenkte man sich dadurch vielleicht etwas weniger von scheinbaren Unverzichtbarkeiten wie Glühwein trinken ab. Unser wertvollstes Gut ist unsere Seele. Warum nutzen wir also die Adventszeit dieses Jahr nicht, um unsere ausgehungerte Seele mit weihnachtlichen Köstlichkeiten wieder auf Vordermann zu bringen?

Vom Entzünden einer Opferkerze

*E*s ist eine sehr schöne Geste, wie ich finde, für jemanden eine Kerze in einer Kirche zu entzünden und ein Gebet zu sprechen. Manchmal, wenn ich an einer Kirche vorbeikomme, gehe ich hinein und zünde ein paar Kerzen vor einer Statue der Muttergottes an. Jede Kerze widme ich dann einer bestimmten Person und bete für jede ein „Gegrüßet seiest du, Maria". Ein Priester erzählte mir, dass durch diese Kerzenopfer sehr viel Geld zusammenkommt. Das ist aus zwei Gründen erfreulich. Zum einen ist es gut, dass sich die Kirche somit etwas dazuverdienen kann, zumal etwa die Kirche in England überhaupt nicht vom Staat unterstützt wird. Zum anderen ist es schön zu sehen, dass es so viele Leute gibt, die sich die Mühe machen, für ihre Nahestehenden Kerzen anzuzünden.

Aber man kann auch eine Kerze für seine eigenen Anliegen oder als Dank entzünden. Es ist eine kleine und doch weit reichende Geste. Das Flämmchen brennt noch lange weiter, nachdem ich mein Gebet zu Ende gesprochen und die Kirche wieder verlassen habe. Ich hinterlasse somit einen Teil meiner selbst und meine Bitte. Auch einem anderen Betenden kann dieses Flämmchen Halt geben, denn er sieht, dass er nicht alleine ist. Viele andere waren vor ihm da und viele andere werden noch nach ihm kommen. Der Rauch der Kerze steigt zum Himmel empor wie unser Gebet. Auch symbolisiert die Kerze irgendwie unser eigenes Dasein und unsere Vergänglichkeit. Zweifellos schmilzt unser Leben unaufhaltsam dahin, aber auch wir können währenddessen Anteil am Leben unserer Mitmenschen nehmen. Wir können uns gegenseitig wärmen, aber auch verbrennen. Wir können uns gegenseitig den Weg leuchten oder wie durch einen Windstoß ausgeblasen werden. Irgendwann ist es dann mit unserem Leben zu Ende, wir sind abgebrannt und zerschmolzen, wie eine alte Kerze.

Füreinander beten ist wohl das größte und fürsorglichste Geschenk, das wir uns gegenseitig machen können. Beten bedeutet, von uns abzusehen und uns und unsere Bedürfnisse in den Schoß Gottes zu legen. Der Herr möchte, dass wir ihn anrufen. Er selbst sagt: „Bittet, so wird euch gegeben."

Die Kerze ist ein wichtiges Symbol in unserer Kirche. Am offensichtlichsten wird die Bedeutung der Kerze während der Osternacht. Die Osterkerze ist eine Metapher für Gott selbst, denn er ist das Licht der Welt. Die aufsteigende Flamme und der Rauch symbolisieren seine

Auferstehung und unsere Rettung. Die Osternachtsmette beginnt in völliger Dunkelheit. Anschließend wird ein Feuer entzündet, das die Auferstehung Christi symbolisiert. An diesem Feuer wird die Osterkerze entzündet, um dann durch die Kirche getragen zu werden, während der Priester drei Mal „Lumen Christi" singt. Nach und nach werden die Kerzen der Gemeinde an der Osterkerze entzündet. Die Flammen unserer Kerzen symbolisieren unseren Glauben und offenbaren uns, dass wir vereint am stärksten sind. Plötzlich ist die ganze Kirche von Licht erfüllt.

Auch unsere Taufkerzen werden an der Osterkerze entzündet. Dieser Akt zeigt uns, dass wir durch Gott entstanden sind und nur durch ihn gerettet werden können. Er zeigt uns außerdem, dass uns durch das Sakrament der Taufe Gottes Gnaden zuteilwerden. Wir tragen somit sein Abbild in unseren Herzen.

Die Kerze spendet uns Licht in der Dunkelheit, sie sorgt für Wärme und Geborgenheit. In den meisten Kirchen gibt es viele verschiedene Ecken mit Opferkerzen. Viele der beliebten Heiligen haben ihre eigene Ecke. Eine Statue thront über dem Opferkästchen und den Kerzen. Man kann sich aussuchen, vor welchem Heiligen man

nun seine Kerze entzünden möchte. Den Gebetsmöglich-
keiten sind dabei keine Grenzen gesetzt. Für jemanden
eine Kerze zu entzünden, ist wohl der schönste Gruß. Es
ist ein Gruß, der anstatt über einen Menschen über den
Himmel geleitet wird. Wäre dieser Gruß eine Postkarte,
so stünde die kürzeste Adresse der Welt im Absender:
Himmel ganz einfach.

VOM LEIDEN CHRISTI

Wie oft schon haderte ich mit Gott über seine Ungerechtigkeiten, natürlich mir gegenüber. Warum war ausgerechnet ich so schlecht in Mathe? Warum musste immer ich die Note „mangelhaft" mit nach Hause nehmen? Oder wie ich mir frisch verliebt nichts sehnlicher wünschte, als dass meine Liebe erwidert würde. Wieder nichts, Gott blieb erbarmungslos. Ein paar Jahre später bemerkte ich dann, dass das Objekt meiner Begierde völlig unbegehrlich geworden war. Der Topfschnitt und die Pickel waren mit meinem etwas reiferen Sinn für Ästhetik einfach nicht mehr zu vereinbaren. Worauf ich hinauswill, ist Folgendes: Ich weiß meistens gar nicht wirklich, was das Beste für mich ist. Wie denn auch, ich stecke im Hier und Jetzt fest und sehe nicht viel weiter als über meine Nasenspitze hinaus. Den Überblick hat allein Gott, und trotzdem fällt es mir jedes Mal wieder schwer, ihm einfach zu vertrauen. Verkrampft versuche ich, mir meinen Willen zu erbeten. Meine kühnsten Wünsche hätten sich oft als schauerliche Alpträume entpuppt, wäre es nach meinem Kopf gegangen. Oft liegen gerade in der Entbehrung und im Leid die wichtigsten Lehren des Lebens.

Betrachten wir einmal Christi eigenes Leben. Ich finde, unsere Heilsgeschichte besticht durch seine Bescheidenheit und sein Leid. Die Geburt Christi besiegelt den Anfang seines schlichten Lebens. Er wird nicht in einem Palast, sondern in einem Stall zwischen Esel und Ochsen, als Kind eines Handwerkers geboren. In einem Stall, weil ihn sonst niemand aufnehmen möchte. Kein Gasthof scheint Platz zu haben für das verstaubte und müde Paar, welches verzweifelt Unterschlupf sucht. Die ersten Zeugen der Menschwerdung Christi sind nicht irgendwelche wichtigen Diplomaten, Herrscher oder gebildete Herren. Nein, es waren einfache Hirten. Diese Bodenständigkeit zieht sich wie ein roter Faden durch sein ganzes Leben. Umso mehr zeichnet der Besuch der drei Weisen aus dem Morgenland dieses Ereignis aus.

Sie bringen Jesus kostbare Geschenke: Gold, Weihrauch und Myrrhe. Diese Gaben deuten ihre tiefere Erkenntnis an. Gold ist ein wertvolles Gut hier auf Erden. Der Weihrauch wurde in Kultfeiern von Priestern gebraucht und aus Myrrhe gewann man Medizin. Es sind also Gaben, die den Körper, den Geist und die Seele beschenken. Man fragt sich, was die Heilige Familie wohl mit den Geschenken machte? Sie hätten sich damit bestimmt viel Ansehen und Annehmlichkeiten erkaufen können. Man mag sich kaum vorstellen, wie diese Tage für Maria wohl gewesen sein müssen. Hochschwanger marschieren sie nach Betlehem. Dort angekommen suchen sie verzweifelt nach einer Herberge. Zuletzt die Geburt, mitten in einem Stall. Die Odyssee ist aber da noch nicht zu Ende. Um das Jesulein vor dem Messer des Herodes zu schützen, fliehen sie mitten in der Nacht nach Ägypten.

Der Leidensweg Christi beginnt also mit seiner Geburt. Das Leid ist ein essenzieller Teil seines kurzen Lebens. Ist nicht aber das Leid ein zentraler Bestandteil der menschlichen Existenz überhaupt? Ich glaube schon. Denn durch die Ursünde wurden wir zu Suchenden und tragen alle ein schweres Erbe mit uns umher. Anhand des Lebens Christi wird klar, wie viel näher wir ihm in schweren Stunden sind als in leichten. Aber selbst in unserer dunkelsten Stunde empfinden wir nur einen Bruchteil von dem, was er freiwillig und schuldlos für uns empfunden hat. Er ist nicht nur Mensch geworden, sondern Flüchtling, Verstoßener, Verspotteter und zuletzt Ermordeter. Er ist wahrlich für uns die Ochsentour gegangen. Er hat die Schmerzen der Welt wie kein anderer erfahren.

Wir Menschen fürchten das Leid mehr als alles andere. Unsere Gesellschaft ist darauf aufgebaut, es bestmöglich zu verhindern. Medizin und Entwicklungshilfe sind positive Beispiele, wie wir diese Angst bekämpfen. Wir gehen aber noch viel weiter und pervertieren den natürlichsten Bestandteil des Menschseins. Abtreibung, Sterbehilfe und Scheidung sind nur ein paar Konzepte, die helfen sollen, uns die Bürde des Leids abzunehmen. Trotzdem scheint es ein unumgänglicher Teil des Lebens zu sein. Kämpfen wir gegen das Leid wie Sancho Pansa gegen die Windmühlen? Oftmals kann der Schmerz der beste Lehrer sein. Wir legen ein Laster meist erst ab, nachdem es uns großen Kummer bereitet hat. Wir brauchen das Leid, um uns zu entfalten. Nehmen wir unser Leid an, brechen wir aus dem Kokon der Angst aus und unsere Flügel ermöglichen uns eine neue Perspektive.

Ein Mann erzählte mir einmal, dass er nach einer finanziellen Pleite sein recht großes Vermögen verlor und in einem Armenhaus landete. Er versicherte mir aber, dass diese Zeit in vielerlei Hinsicht die interessanteste

Zeit seines Lebens gewesen sei. Es erfordert viel Mut, sein Kreuz anzunehmen. Wenn ich aber einen Blick auf Jesu eigenes Leben werfe, erkenne ich, wie viel nachsichtiger Gott doch mit mir ist.

DIE TAUFE, DAS GRÖSSTE ALLER GESCHENKE

*D*ie Taufe ist das wichtigste Sakrament, denn durch sie werden wir Teil der Heilsgeschichte. Als Täuflinge werden wir in die Kirche aufgenommen. Von nun an sind wir nicht mehr Einzelkämpfer, sondern wir werden zu ausgesuchten Kindern Gottes. Diese Zugehörigkeit gibt unserem Dasein einen tieferen Sinn. Als Christen versuchen wir, uns hier auf Erden für die Ewigkeit zu qualifizieren. Die Taufe ist der erste und wichtigste Lorbeer auf der Schnitzeljagd des Lebens.

Die Taufe ist ein Geschenk. Üblicherweise wird sie uns als Säugling gespendet. Wir müssen dafür nichts leisten. Gott hat sich, bevor wir überhaupt denken können, schon für uns entschieden. Die Taufe bezeugt diese liebevolle Bindung. Ich finde es schade, dass viele Menschen die Taufe eher als ein Spektakel sehen anstatt als das fundamentalste Sakrament, welches sie nun einmal ist. Taufen sind für sie wie eines von vielen anderen Festen im Jahr. Den wenigsten ist dabei die Wichtigkeit und Tragweite wirklich klar. Ich finde, es lohnt sich, einmal näher darüber nachzudenken. Die Taufe spendet uns nämlich einen Schutz vor der Gefahr, der Versuchung und vor der Macht des Bösen. Deshalb dürfen Kinder, die in Lebensgefahr schweben, auch ohne das Einverständnis ihrer Eltern sozusagen notgetauft werden. Die Taufe garantiert einem Kind die sofortige Aufnahme in den Himmel.

Die wenigsten Eltern, so scheint es mir, legen bei der Wahl der Paten wirklich Wert auf Frömmigkeit. Vielmehr sucht man die Paten nach Sympathie aus – oder schlimmer noch: nach ihrer Kapazität, Geschenke zu machen. Natürlich wäre es auch mir wichtig, einen guten Freund oder eine gute Freundin mit dieser Aufgabe zu betrauen. Aber die Aufgabe eines Taufpaten erschöpft sich nicht darin, zweimal im Jahr ein Geschenk zu schicken und ein paar nette Postkarten zu schreiben. Der Taufpate fungiert gewissermaßen als seelischer Begleiter. Der Pate kann auch als ein Vorbild gesehen werden. Die weltlichen Tugenden spielen dabei eine weniger große Rolle. Viel wichtiger ist die Spiritualität des Paten. Vor allem dann, wenn die Eltern die geistige Erziehung des Kindes nicht ernst genug nehmen. Die Taufe ist ein religiöses Fest und sollte deshalb auch als solches gefeiert werden. Zumindest einer der Paten sollte bei einer katholischen Taufe auch wirklich praktizierender Katholik sein. Das klingt zwar logisch, ist aber leider oft nicht der Fall.

Neulich, bei der Taufe in einer vornehmen katholischen Familie mit meterlangem Stammbaum, war ich schockiert zu sehen, wie das Sakrament der Taufe banalisiert wurde. Anstatt wie ein kirchliches Hochfest erschien mir die Feierlichkeit wie eine x-beliebige Sommerparty. Mühselig hatten die Eltern sieben Paten aus ganz Deutschland mit der Aufgabe beehrt, die einer alleine viel besser hätte wahrnehmen können. Einer der Paten war bekennender Satanist und musste mehrfach während der Tauffeier vom Priester ermahnt werden, die Patengelübde mitzusprechen. Der erwachsene Mann versteckte seine überkreuzten Finger wie ein zurückgebliebenes Schulkind hinter dem Rücken. Obwohl ich dieses Gehabe nur belächeln konnte, hat es mich gleichzeitig auch erschreckt. Es zeigte mir, welchen Stellenwert der Glaube bei vielen Menschen eingenommen hat. Sicherlich, man möchte sein Kind nach wie vor taufen lassen. Am besten in einer schönen Kirche, weil das eben dazugehört. Die Feierlichkeit ist aber oft nicht mehr als eine Parade der Eitelkeiten. Das bedeutungsvolle Sakrament wird auf eine Cocktailparty reduziert.

Die Taufe ist eine Neugeburt. Unsere biologische Geburt ist zwar unser Ausgang, aber wirkliche Kinder Gottes werden wir erst durch die Taufe. Die Taufe symbolisiert den Anfang und das Ende, denn durch die Taufe werden wir Teil der Ewigkeit. Gott steht am Anfang. Er schenkt uns durch die Taufe seine unendliche Liebe und die Gnade des ewigen Lebens. Das Wasser ist ein wichtiger Bestanteil des Rituals, weil es den Ursprung und die Reinigung, die für eine Beziehung mit Gott wichtig sind, symbolisiert.

Gerade weil die Taufe so ein bedeutendes Sakrament ist, sollte sie auch als solches begangen werden. Es ist schön, dieses freudige Ereignis gebührend zu feiern. Man sollte dabei aber nicht über die Bedeutung des Sakramentes hinweg feiern. Es wäre schön, wenn wir unserem Täufling neben hübschen silbernen Bechern auch ein bedeutendes Geschenk machen würden, wie etwa einen Paten, der als seelisches Vorbild fungiert.

VOM FEGEFEUER, DER HALTESTELLE AUF DEM WEG ZU GOTT

*I*ch erinnere mich noch gut an unser Kindergebetbuch. Abends vor dem Schlafengehen las uns unsere Mutter etwas daraus vor. In dem Buch war die Rede von zweierlei Lebenswegen. Zum einen gab es den breiten und bequemen Weg, der in ein loderndes Feuer hinabführte. Zum anderen den steinigen und steilen Weg, der sich in den Himmel emporschnörkelte. Zugegebenermaßen wirkten beide Wege ziemlich einschüchternd. Der steinige und steile wirkte anstrengend und folglich ausladend, aber die kreischenden Menschen in den Flammen am Ende des breiten Weges erschienen mir dennoch als das üblere Ende. Spätestens ab da wusste ich, dass das Leben kein Zuckerschlecken sein würde. Eigentlich ist es gut, dass uns die katholische Kirche in frühester Kindheit diese Illusion nimmt. Die Kirche nimmt ihre Kinder – im Gegensatz zu den meisten Erwachsenen – also von Anfang an sehr ernst. Auch das Fegefeuer erschien mir als ein schrecklicher Ort, sehr ähnlich der Hölle. In lodernden Flammen müssen wir dort für unsere Sünden geradestehen, bis wir rein gewaschen sind. Erst danach können wir zur vollen Anschauung Gottes gelangen. Zwar fürchtete ich mich vor dem Fegefeuer, aber im Nachhinein freue ich mich, wenigstens damals mit der Wahrheit konfrontiert worden zu sein. Heutzutage hört man nur mehr selten einen Priester vom Fegefeuer predigen. Hat man den Brand im Fegefeuer endgültig gelöscht oder ist ihnen die Tatsache zu unbequem geworden?

Es wäre naiv zu glauben, dass sich während meines kurzen Lebens eine so zentrale Lehre plötzlich geändert hat. Es erscheint mir viel wahrscheinlicher, dass sich ein kollektives Wunschdenken eingebürgert hat. Es lässt sich ja auch angenehmer predigen, dass wir Menschen nach unserem Tod sofort zu Gott hinaufsausen. Es erscheint mir aber dennoch irgendwie unlogisch, dass es plötzlich so ruck, zuck gehen soll. Das Leben als praktizierender Katholik ist wirklich alles andere als einfach. Kann es deshalb tatsächlich sein, dass es zwischen uns Sündern hier auf Erden und Gott im Himmel wirklich keine Haltestelle mehr gibt?

Ich bleibe misstrauisch, und leider lehrt uns die Kirche tatsächlich auch etwas anderes. Die meisten von uns müssen sich nach unserem Tod zuerst einmal vorbereiten, bevor wir uns zu Gott gesellen können. Angenommen, wir sterben, ohne eine Todsünde auf dem Gewissen zu haben, so sollte uns ein Platz im Himmel sicher sein. Dennoch belastet uns wahrscheinlich eine Vielzahl von kleineren Sünden, für die wir nun büßen müssen. Selbst wenn wir regelmäßig beichten und Buße tun, wissen wir nicht, wie weit wir nach unserem Tod noch im Minus sind. Im besten Fall steht unser Sündenkonto bei Null, aber unsere vernarbte Seele muss auch hier noch ausgeheilt werden. Genauso wie ich mir beim Durchstreifen eines dornigen Gebüschs Kratzer und Schrammen zuziehe, hinterlassen die Hürden und Konflikte des Lebens Schrammen an der eigenen Seele sowie auch an der Seele unserer Mitmenschen. Das Fegefeuer ist wie ein glättender Schmelztiegel für unsere Seele. Die Unebenheiten werden dabei ausgeglichen und die Seele wird auf Hochglanz poliert. Erst danach sind wir bereit, zur vollen Anschauung Gottes zu gelangen. Wir müssen sozusagen unsere Augen, die an den Schatten der Erde gewöhnt sind, zuerst einmal akklimatisieren, bevor wir in das strahlende Licht Gottes schauen können.

In vielerlei Hinsicht ist das Fegefeuer gar kein so schlechter Ort. Es ist eigentlich mehr wie ein Wartezimmer mit Dusche. Dort angekommen, ist uns ein Platz im Himmel schon mal sicher. Die armen Seelen sind also in einer viel besseren Position als wir Menschen hier auf Erden. Wir Hinterbliebenen können unseren geliebten Verstorbenen durch unser Gebet auch immer nahe bleiben. Außerdem können wir durch Gebet und Ablässe ihre Wartezeit verkürzen. Die Seelen, die, wie etwa die Heiligen, schon im Himmel sind, können dann wiederum für uns und die verbliebenen Seelen im Fegefeuer beten. Es bildet sich also ein immerwährender Gebetskreis, der allen Beteiligten zugutekommt.

Ich habe mich über die Jahre etwas von der Horrorvision Fegefeuer gelöst. Sicher glaube ich nicht, dass ich mich auf eine Wartelounge mit dicken Sofas und guten Cocktails freuen kann, aber ein loderndes Feuer muss ich vielleicht auch nicht gerade fürchten. Nach unserem Tod treffen wir auf Christus, der über unser persönliches Schicksal entscheiden wird. Die Liebe und Kraft, die von ihm ausstrahlt, wird so ergreifend, dass spätestens jetzt jeder von uns in seiner Nähe bleiben will. Das Schmerzhafteste am Fegefeuer wird also die Abwesenheit dieser Ausstrahlung sein.

Das Gebet zum Heiligen Geist

Meine Großmutter machte mich neulich darauf aufmerksam, dass ein Stoßgebet zum Heiligen Geist wie ein Wundermittel wirkt. So ein Wundermittel käme mir während eines wichtigen Gesprächs oder wenn ich vor einem leeren Blatt Papier sitze, welches ich mit etwas Interessantem zu füllen hoffe, gerade recht. Oft scheint sich nämlich in solchen Momenten meine Konzentration schon nach wenigen Sekunden wie Dampf zu verflüchtigen. Immer wieder versuche ich mental, meine Gedanken in geordneten Zweierreihen aufzustellen. Desto verkrampfter ich gegen mein internes Chaos der Gedanken ankämpfe, desto widerspenstiger schießen diese umher. Ein Stoßgebet zum Heiligen Geist hilft tatsächlich.

Der Heilige Geist ist die dritte Person im Bunde der Dreifaltigkeit Gottes. Zu Pfingsten feiern wir den Heiligen Geist besonders. Aber wir feiern dabei nicht seinen Geburtstag, sondern den der katholischen Kirche. Durch seinen Tod am Kreuz bezahlte Christus den hohen Preis für unsere Erlösung. Somit stehen wir als Mitglieder seiner Kirche unter ihrem Schutz, und viele Gnaden werden uns zuteil. Es konnte zu diesem Zeitpunkt der Geschichte aber noch nicht die Rede von einer Kirche sein, wie wir sie heute kennen. Christi Entourage war eine überschaubare Gruppe, bestehend aus den Jüngern, seiner Mutter und ein paar knallharten Gläubigen. Sie lebten im Untergrund und fürchteten um ihr Leben. Erst zu Pfingsten wuchs der kleine Kreis von Eingeschworenen zu einer internationalen Gemeinde und schließlich zu einer Weltkirche heran.

Es steht in der Bibel, dass zerteilte Zungen wie von Feuer erschienen und über den Köpfen der Gemeinde schwebten. Bühne frei für den Heiligen Geist, der sie jetzt erfüllte. Plötzlich sprachen alle in verschiedenen Sprachen. Sprachen, mit denen sie vorher gar nicht vertraut waren. Es spazierten Juden an diesem Geschehen vorbei, die natürlich sehr ergriffen waren von diesem Bild. Woher konnten diese einfachen Leute plötzlich alle diese verschiedenen Sprachen?, fragten sie sich. Petrus predigte nach diesem Geschehen zum ersten Mal die Frohe Botschaft und Tausende von Juden bekehrten sich.

Erst jetzt konnte man von einer Kirche sprechen. Von einer Kirche, die keine Sprachbarrieren oder Ländergrenzen kennt, sondern eine tatsächlich universale Gemeinde bildet. Seither symbolisiert der Heilige Geist diese Kontinuität. Denn obgleich die Kirche eine ständig wachsende Gemeinschaft ist, bleiben ihre Identität und ihre Wahrheit immer gleich. Auch dafür ist gewissermaßen der Heilige Geist verantwortlich. Er ist der göttliche Geist, der die Treue und Wahrheit der Kirche schützt. Die einzelnen Priester und wir Gläubigen sind zwar Teil der Kirche, aber wir kommen und gehen. Doch die Kirche bleibt ihrer Wahrheit immer treu. Diese Erhaltung ist die zentrale, sozusagen „öffentliche" Aufgabe des Heiligen Geistes. Was aber kann der Heilige Geist nun in jedem Einzelnen von uns bewirken?

An Pfingsten werden wir daran erinnert, dass wir von Gott gerufen werden, „charismatisch" zu sein. Charismatisch bedeutet aber nicht, wie heute oft missverstanden, Händchen haltend um den Altar herumtanzen zu müssen. Ganz im Gegenteil: Charisma bedeutet Gabe. Wir können also vom Heiligen Geist erbitten, dass er auf uns herabkommt und uns mit seinen Gaben beschenkt. Diese Gaben können uns zum Beispiel bei einer wichtigen Prüfung helfen. Aber die wichtigste Gabe, die wir vom Heiligen Geist erbitten können, ist die Liebe zu Gott. Dieses innere Feuer lässt uns erstrahlen und zieht andere Suchende in unseren Bann. Wir werden dadurch zu kraftvollen Aposteln Christi, deren Glaube auf unsere Mitmenschen überschwappt.

Philipp Neri, der Gründer der Oratorianer, war in diesem Sinne ein Charismatiker. Bevor er Priester wurde, betete er eines Nachts in den Katakomben, der Heilige Geist möge ihn erfüllen. Es war in der Pfingstnacht und plötzlich erschien ihm der Heilige Geist. Als Feuerball kam er herab, um sich in seinem Herzen niederzulassen. Dieses Feuer begleitete ihn sein ganzes Leben. Er erlangte dadurch große Weisheit, Frömmigkeit, Freude und Geduld. Diese Erleuchtung machte keinen alternativen Spinner im Lotus-Sitz aus ihm, sondern gab ihm eine innere Gelassenheit und Kraft.

Auch wir können dafür beten, eine solche Erfüllung und solches Gottvertrauen zu finden. Selbst wenn wir vielleicht nicht gleich eine solche Erleuchtung wie Philipp Neri verspüren, so werden wir dennoch eine innere Ruhe finden. Außerdem springen dabei vielleicht auch ein paar gute Ideen heraus, mit denen wir unser Lebensblatt füllen können.

Vom Schutzengel – oder wie man auf der Seite der Sieger bleibt

Als Kinder beteten wir immer zu unseren Schutzengeln. Ich stellte mir damals vor, dass ich in gefährlichen Situationen von meinem Schutzengel abgeschirmt würde. Beim Gang über die Straße etwa wäre mein unsichtbarer Begleiter immer neben mir und würde versuchen, mich sicher hinüberzubegleiten. Ich stellte mir meinen Schutzengel folgendermaßen vor: Ein blonder Junge, der natürlich viel älter war als ich, mit großen goldenen Flügeln. Er trug ein weißes Kleid und über seinem Kopf schwebte selbstverständlich ein Heiligenschein. So wachte er in der Nacht neben meinem Bett. Er schlief nie und er aß auch nie. Ich erklärte mir diese Eigenart als einer der vielen Vorteile des Erwachsenwerdens. Denn mein Schutzengel war natürlich kein Kind mehr.

Eigentlich hat sich an meiner Vorstellung über die Jahre recht wenig verändert. Ich vergesse aber heute meinen lieben Schutzengel viel öfter. Das finde ich schade! Es wäre doch viel schöner, meinem ständigen Begleiter ein bisschen mehr Dankbarkeit entgegenbringen zu können.

Auf meinem Nachtkästchen steht ein aus Holz geschnitzter Engel, den ich seit einer Krankheit immer neben meinem Bett stehen habe. Eine Freundin meiner Mutter schenkte ihn mir damals und bat mich, ihn immer in meiner Nähe zu behalten. Inzwischen gehört diese kleine Holzfigur auf meinem Nachkästchen wie der Spritzer Zitrone in meine Coca-Cola-Light.

Aber wer sind diese Engel eigentlich und was ist ihre Aufgabe? Die Tatsache, dass Engel existieren, ist eines der Dogmen unserer Kirche und deshalb für uns Christen ein Faktum, an das wir glauben dürfen. Aber auch ohne dieses Dogma könnten wir auf die Idee kommen, dass es noch irgendwelche Geschöpfe zwischen der Erde und dem Himmelreich geben müsste. Ich spreche jetzt sicherlich nicht von Außerirdischen, sondern von Kreaturen, die das unausweichliche Vakuum füllen, welches sich zwischen uns Menschen und unserem Schöpfer bildet.

Der Mensch ist in seiner Zusammensetzung aus Körper und Seele eine einzigartige Kreation. Wir bilden die Basis einer Pyramide. An ihrer Spitze thront Gott, ein allumfassender, ewig währender Geist. Die Engel bilden also das fehlende Glied zwischen Mensch und Gott. Sie sind reine Geschöpfe, die den Thron Gottes umzingeln, um ihm Tag und Nacht zu huldigen. Sie tragen dessen Antlitz wie eine brennende Fackel in sich.

Aber die lieben Engel haben noch eine andere, sehr viel wichtigere Aufgabe, als Lückenbüßer zu sein. Sie sollen uns nämlich in das Königreich Gottes begleiten. Jedem von uns wird zur Geburt ein eigener Schutzengel geschenkt, der uns von der Wiege bis zum Grab und von dort hoffentlich in die Ewigkeit begleiten soll. Man könnte also sagen, dass diese Beziehung – abgesehen von unserer Beziehung zu Gott – wohl die längste und auch wichtigste Beziehung unseres Lebens ist. Wie auch die Heiligen sind unsere Engel die reinsten und liebevollsten Geschöpfe Gottes. Wir können sie also getrost verehren und uns mit ihnen anfreunden. Man wäre ja blöd, mit einem so wichtigen Fürsprecher nicht umgehend Freundschaft zu schließen. Man hatte es ja schließlich in der Schule auch leichter, wenn man sich mit den Klassensprechern gut stellte.

Es ist meine Aufgabe, den Kontakt zu meinem Schutzengel herzustellen und ernst zu nehmen. Denn auch hier bin ich frei, mich für oder gegen eine Beziehung zu entscheiden. Aber warum sollte ich in einer Welt voller Versuchungen und Gefahren eine liebevoll ausgestreckte Hand nicht dankend annehmen? Deshalb lade ich nun jeden Morgen meinen Schutzengel ein, es sich in meinem Herzen gemütlich zu machen. Somit hat er einen einzigartigen Einblick in meine Seele, den sonst nur Gott hätte. Er ist dem Teufel somit immer ein Stück voraus und kann mich viel besser leiten.

Jedem, der einmal in der Bibel geschmökert hat, wird die Macht der Engel bewusst. Sowohl das Alte wie auch das Neue Testament sind voll mit Verweisen auf ihre Einsätze. Der Erzengel Michael stieß den übergeschnappten Luzifer in den Abgrund und ist somit wohl der wichtigste Engel im Himmelreich. Dieser Sieg veranschaulicht am deutlichsten den Einfluss, den die Engel im Himmel haben. Wir sollten deshalb weitreichenden Gebrauch von ihnen machen. Denn auch wenn die Vorsehung es so will, dass am Ende das Gute über das Böse siegt, ist die Macht des gefallenen Engels hier auf Erden doch enorm spürbar. Wir brauchen uns nur die zahllosen Konflikte, Hungersnöte, Krankheiten und den Verfall unserer christlichen Werte zu Gemüte führen, um zu erschaudern.

Wie es in dem schönen Gebet von Papst Leo XIII. zum heiligen Michael so treffend heißt, schleichen „Satan und die anderen bösen Geister zum Verderben der Seelen in der Welt umher". Wir müssen uns jeden Tag aufs Neue entscheiden, auf welcher Seite wir nun stehen möchten. Mit Hilfe unseres Schutzengels fällt es uns aber bestimmt leichter, aufseiten der Sieger zu bleiben.

VOM SPENDEN EINES SEGENS

*E*igentlich kann man fast alles segnen lassen. Mir gefällt dieser Brauch sehr. Indem ich einen Gegenstand in die Hände Gottes lege, verleihe ich ihm eine besondere Ehre. Außerdem erinnert mich der Segen an meine Abhängigkeit von Gottes Gnaden. Er führt mir vor Augen, dass über allem Gott steht und ich ihm alles in den Schoß legen kann: das Kreuz, das ich um den Hals trage, mein Haus oder mein Auto.

Letzteres finde ich besonders wichtig. Immerhin ist im Alltag der Autounfall der wahrscheinlichste Unfall. Es gibt sogar einen ganz eigenen Fahrzeugsegen. Ursprünglich war dieser Segen natürlich für Kutschen und von Pferden gezogenen Wagen vorgesehen. Das wunderschöne Gebet erbittet mit den Worten des heiligen Apostels Philippus, Gott möge seine Engel senden, um das Fahrzeug zu begleiten und zu beschützen.

Der Ursprung des Segens führt zurück in die Zeit kurz nach Christus. Die Apostelgeschichte erzählt von einem Eunuchen, einem Minister am Hofe der äthiopischen Kaiserin Kandake. Er war in seinem Wagen unterwegs von Jerusalem nach Gaza. Während der Fahrt las er den Propheten Jesaja. Als der heilige Philippus, von Gott gesandt, dieses Spektakel sah, fragte er den Eunuchen, ob er denn auch verstehe, was er da lese. Der Eunuch fragte zurück, wie er es denn verstehen solle, ohne dass es ihm jemand erkläre. Daraufhin verkündete ihm der Heilige die Frohe Botschaft. Sie fuhren an einem Wasser vorbei und der Eunuch ließ sich auf eigenen Wunsch taufen.

Dieser wundersamen Bekehrung verdanken wir nun den Fahrzeugsegen. Heutzutage kann man den Segen für jegliches Fahrzeug gebrauchen. Meine Schwester ließ neulich ihr Motorrad von zwei Priestern, die zu Besuch waren, segnen. Es war eine schöne und kurze Zeremonie. Wir standen im Kreis um das Motorrad herum. Der Priester sprach das Gebet und besprenkelte anschließend die Maschine mit etwas Weihwasser. Zum Schluss klebten wir noch eine kleine Medaille des heiligen Christophorus auf den Tank.

Sein Haus segnen zu lassen, ist auch keine schlechte Idee, wie ich finde. Einbrüche, Brände, Streit oder Unfälle sind damit zwar leider nicht ausgeschlossen, aber irgendwie unwahrscheinlicher. In unserem Zeitalter der Rationalität mag eine einfache Haussegnung überflüssig erscheinen. Die Idee wird belächelt. Wir möchten unabhängig sein, frei von Aberglauben. Wir möchten glauben, dass wir unser Leben selbst in der Hand haben, dass wir unseren Lebensweg durch Willenskraft und Disziplin alleine lenken können. Indem wir Gott zu unserem Schutzpatron machen, verlieren wir aber nicht an Souveränität, sondern wir gewinnen. Nur wer die Demut hat, um Hilfe zu bitten, ist wirklich ein freier Mensch. Sich für Gott zu öffnen, sich von seinen persönlichen Fesseln zu lösen, das bringt wirkliche Freiheit.

Katholisch sein bedeutet, Gott zu einem Teil meines täglichen Lebens zu machen. Nicht nur in der Kirche ist Gott anwesend. Nicht nur beim Abendgebet kann ich ihn um Hilfe bitten, sondern immer. Ich muss nicht unbedingt in großer Not sein, um Gott um Beistand zu bitten. Jede Unsicherheit, jeder Zweifel, jede Schwäche kann ich Gott in den Schoß legen, um ihn somit wirklich immer im Herzen zu tragen. Sein Haus oder sein Auto segnen zu lassen, ist ein Beweis echter Liebe zu Gott. Ich zeige ihm dadurch, wie sehr ich ihm vertraue. Wenn wir es schaffen, unsere Frömmigkeit mit in den Alltag zu nehmen, dann gehen wir wirklich „gehalten von Gottes Hand" (Romano Guardini).

Einfach fromm:
die Eleganz der Volksfrömmigkeit

Von Prälat Wilhelm Imkamp

Zu den ganz wenigen Zeitschriften, die ein lateinisches Motto direkt unter ihrem Titel tragen, gehört neben der vatikanischen Tageszeitung, dem „Osservatore Romano", die englische Zeitschrift „Finch's Quarterly Review", gegründet von Nick Foulkes, einem begnadeten „Upper-Class"-Kenner, einer intellektuellen Gestalt, irgendwo zwischen Evelyn Waugh, Oskar Wilde und G. K. Chesterton, wie sie wohl nur im angelsächsischen Sprachraum (noch) möglich ist.

Die vatikanische Tageszeitung bietet ein zweifaches Motto: „Unicuique suum" und „Non praevalebunt", „jedem das Seine" und „die Pforten der Hölle werden sie nicht überwinden".

Eine elegante Verbindung zwischen einem Grundsatz des römischen Rechts (Ulpian), der sich auch an den Tuskulaner Gesprächen Ciceros findet und später zum

Motto des Schwarzen Adlerordens Preußens wurde, mit einer Anspielung auf die Hl. Schrift (Mt 16,18). So leuchtet im Motto der vatikanischen Tageszeitung die Kontinuität abendländischer Kultur auf, verbunden durch die dreifache Krone des römischen Pontifex.

Das Motto von „Finch's Quarterly Review" ist ein einziger Satz, aber auch der enthält zwei Aussagen: „Ecce, mundus est sordidus et olidus, sed etiam habet multas res smashingas". Das ist schon fast die Tonlage, wie wir sie z. B. beim großen Innocenz III. finden, der vor seinem Pontifikatsantritt ein Büchlein „über die Verachtung der Welt" schrieb, das zum Best- und Longseller wurde, von dem noch Thomas Mann im Zauberberg zehrt. Aber da ist noch mehr, der zweite Teil des Satzes stellt nämlich fest, dass die Welt auch viele „tolle" Sachen habe. Das Wort „smashinga" wird man vergeblich in den lateinischen Wörterbüchern suchen, vielleicht ist es ja eine Originalbildung des intellektuellen Originals Nick Foulkes, es kommt nämlich vom englischen Wort „smashing", das sich im Deutschen mit „toll", „großartig", „klasse", wiedergeben lässt. Aber damit nicht genug, das englische Wort „smash" lauert in ethymologischer Nähe und dieses Wort bedeutet schlicht „zerschlagen". So kommt tatsächlich mit diesem einen Wort eine Botschaft „rüber": dass, was an der Welt toll ist, ist immer auch in der Gefahr, zerschlagen zu werden, und man sollte auch darauf achten, nicht „smashed" zu sein, denn das heißt „betrunken".

Diese amüsante, typisch englische Zeitschrift mit dem hintergründigen lateinischen Motto hat einen „Features Editor", und das ist die Verfasserin des vorliegenden Buches. Die Texte sind als Kolumne einer anderen auf ihrer Art ebenfalls sehr exklusiven Zeitschrift, nämlich des „VATICAN-magazins", erschienen. Von der Kolumne des VATICAN-magazins zu „the Princess Diaries" in Finch's Quarterly ist der Weg nicht so weit, wie es zuerst scheinen mag. Die Prinzessin zeigt in ihren Texten die Heimat des Glaubens in jeder Umgebung, es geht nämlich um die Alltagsheiligung, und zwar in und unter allen Umständen, „denn katholisch sein bedeutet, Gott zu einem Teil meines Lebens zu machen." Wie das geht und das es geht, zeigt die Autorin locker und entspannt; bei ihr ist die Glaubenspraxis selbstverständlich und ganz „cool". Ein Jetsetleben in und zwischen den Metropolen dieser Welt, wird ein selbstverständlich katholisches Leben, denn es ist auch ein Leben zwischen Brompton Oratory in London und Maria Vesperbild in Mittelschwaben, zwischen dem Herausgeber Paul Badde und dem Chefredakteur Nick Foulkes. Für jemanden, der in der ganzen Welt zu Hause ist, gibt es keine Provinz, überall auf der Welt ist „die lateinische Messe ein Heimkommen", wie die Autorin entschieden feststellt. Auch und gerade die Volksfrömmigkeit schafft Heimat und gibt Kraft, sie ist nämlich religiöse Bewältigung des Alltags, wie es die Autorin eindringlich zeigt. Volksfrömmigkeit kennt keine Trennung von religiöser Praxis und Alltagsleben, wie sie in einer verbürgerlichten Religion gang und gäbe ist. In diesem Sinne ist Volksfrömmigkeit Öffnung zur konkreten Welt, wie sie schon immer in der katholischen Kirche praktiziert wurde. Volksfrömmigkeit bewältigt die mehr oder weniger misslichen Gelegenheiten des Alltags, an denen uns die Autorin auf amüsante, selbstkritische und unprätentiöse Weise immer wieder teilhaben lässt.

Volksfrömmigkeit ist immer anschaulich und deutlich und deshalb für jeden offen. Sie hat einen stark integrativen Zug; Menschen aller Alters- und Bildungsschichten werden von ihr zusammengeführt. Bei aller Skepsis, bei allem „Erbsündenrealismus" dürfen wir nicht beim „sordidus, et olidus" von Finch's Quarterly Review stehen bleiben; katholisch sein heißt, sich auf den zweiten Teil konzentrieren: „multas res smashingas". Prinzessin Elisabeth beschreibt in ihren köstlichen Alltagsminiaturen, wie das geht. Authentisch und schlicht, unaufdringlich chic und selbstverständlich katholisch.

In der Sommernummer 2009 von Finch's Quarterly Review findet sich ein „FQR Summer Style Special". Der Gründer, Herausgeber und Chefredakteur Nick Foulkes schreibt dort eine glänzende Verteidigung des Medaillons, näherhin: „a spirited vindication of medallion man". Auf dieser Seite findet sich in einem farblich abgesetzten Kasten tatsächlich eine Rubrik unter dem Titel „Finch's Favorite Catholic Medaillons", wo die wichtigsten katholischen Medaillen kurz vorgestellt werden, natürlich zuerst die berühmte „Wundertätige Medaille". Das trifft es genau, katholische Volksfrömmigkeit das ist „style special": Katholisch in jeder Umwelt und jeder Jahreszeit, in jeder sozialen Stellung, in jedem Lebensalter und über das Leben hinaus, eben for ever!

Die hier vorliegenden Texte zeigen, warum der Katholizismus eine so „populäre Religion" ist; sie integriert in einer harmonischen Synthese Hochkultur und Volksfrömmigkeit, Weltläufigkeit und Heimatgefühl. Es ist daher kein Zufall, dass der apostolische Protonotar Georg Ratzinger, dessen Lebenswerk genau diese Synthese kraftvoll dokumentiert, im Vorwort zu diesen Texten die Bedeutung der Volksfrömmigkeit so intensiv herausstellt. Dieses Büchlein aus der Feder einer „Jet-Set-Prinzessin" belegt eindrucksvoll, dass die Religion ihre Verdrängung in die Privatsphäre überwunden hat und wieder zur „public religion" geworden ist, wie es der spanische Religionssoziologe José Casanova zu zeigen bemüht ist. Mit „public religion" sind wir wieder bei der Volksfrömmigkeit und den „res multas smashingas", zu denen diese Texte zweifellos gehören, denn sie machen Mut und zeigen sehr eindringlich: Katholisch ist das Gegenteil von spießig. Katholisch ist chic, katholisch ist cool! Folgen wir ihren Tipps!